JONAS VERLAG

für Kunst und Literatur GmbH
Rosenstraße 12/13
D-3550 Marburg

Gestaltung Gabriele Rudolph
Druck Fuldaer Verlagsanstalt

ISBN 3-922561-77-2

Gundula Wolter

# Die Verpackung des männlichen Geschlechts

## Eine illustrierte Kulturgeschichte der Hose

Jonas Verlag

# Inhalt

*1 Anonymer Stich, um 1640*

*»Satyrisches Gesicht / zu Nichtburg in Vtopia durch den blinden Cupidinem entdeckt: Wie sich nemlich sieben böse Weiber vmb ein paar stinckende Manns Buxen geschlagen / vnd dieselbige gleichwol zu sonderbarer Straff ihrer keine davon gebracht. zu notwendiger Warnung.« Der Text unter dem Fenster lautet: »Ihr venus knaben all / haltet euch weit vnd klug / Dan Siben weiber ietz / sich rauffen umb ein brûg«*

# Von Hosenkämpfen und Toten Hosen

Die Hose als pars pro toto des Mannes stellt schon im späten Mittelalter und in der Renaissance ein populäres Motiv dar, um Aussagen zur Geschlechterbeziehung zu machen. Ausgezogene Hosen waren Symbol, mit dem man männliche Impotenz und Schwäche karikierte, weibliche Dominanz aufzeigen wollte. Eine Buchillustration aus Gegenbachs »Zehn Alter Diser Welt«[1] zeigt einen bettlägrigen Hundertjährigen, über dem neben dem Zeichen des Todes eine Hose angebracht ist. Ein Holzschnitt, der die Verse Thomas Murners über dominante Frauen illustriert, stellt eine geharnischte Frau dar, die ihren Begleiter auf die soeben gewonnene Hose, die als Siegesbeute an der Wand hängt, hinweist. Hosen in Frauenhand sind über Jahrhunderte Zeichen für die Überlegenheit schöner, sinnlicher Frauen über schwache, verliebte Narren. Das Sujet des Hosenkampfes ist Sinnbild des Geschlechterkampfes um Gleichberechtigung oder Vorherrschaft, aufgespießte Hosen sind Trophäen der »Weibermacht«.[2]

*2 Israhel van Meckenem, »Der Kampf um die Hose«, Kupferstich, 16. Jh.*

Schließlich erdreisten sich Frauen, das männliche Beinkleid selbst anzuziehen, womit sie einen Sturm der Entrüstung und des Spotts auslösen. Frauen in Hosen wurden als Mannweiber denunziert. Die Männerwelt des Viktorianischen Zeitalters sah darin »eine empörende Attacke auf ihre geheiligten Rechte, und ›Punch‹, dieser zuverlässige Spiegel mittelständischen Denkens im 19. Jahrhundert, machte sich in Dutzenden von Karikaturen über die möglichen Folgen der sexuellen

Revolution lustig; er beschwor eine Welt, in welcher zaghafte Männer unter der Knute ihrer behosten Gattinnen stöhnten.«[3]

Hosen hatten in der Bildersprache zeitgenössischer Karikaturisten Hochkonjunktur. Anliegen politisch engagierter Frauen wurden auf Hosenfragen reduziert; Männer stehen in ungeflickten, knopflosen Hosen vor ihren Frauen, die als »Vésuviennes« oder »Blaustrümpfe« ihre häuslichen Pflichten sträflich vernachlässigten. In allen Darstellungen repräsentiert die Hose männliche Vormacht, ausgezogene Hosen den Verlust derselben.

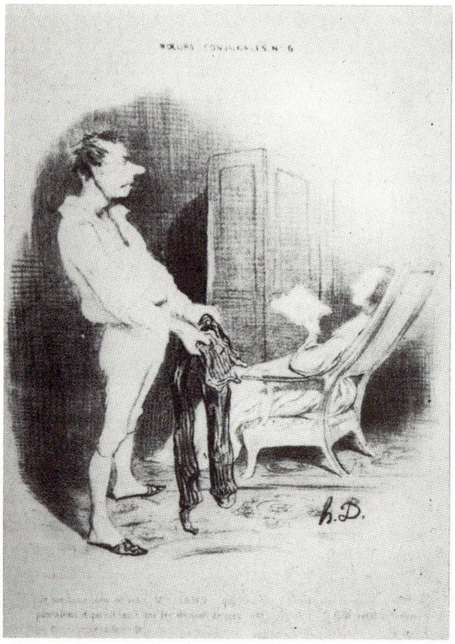

*3 »Eure Madame Sand kann mir gestohlen bleiben ... wenn ich daran denke, daß die Frauen ihretwegen keine Hosen mehr flicken und die Hosenstege nicht mehr annähen ... Man muß die Scheidung wieder einführen ... oder diese Schreiberin da verbieten.« Blatt von Honoré Daumier, 1839*

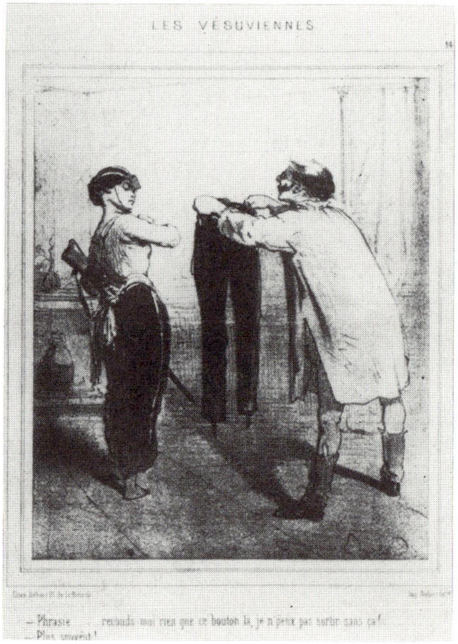


*4 »Pharasie ... nähe mir nur diesen einen Knopf hier an, ich kann ohne das nicht aus dem Haus! ... – Nie mehr!« Blatt von Honoré Daumier, 1848*

Erst in jüngster Zeit beginnt die Hose ihre Signifikanz als männliche Geschlechtstracht zu verlieren. Noch ist es einer Punkband möglich, sich selbstironisch »Tote Hosen« zu nennen, aber schon der Ausdruck »Alles tote Hose« hat den alleinigen Bezug auf die Männerwelt verloren. Das Ende des Geschlechtskleidungsstücks Hose scheint nahe.

Diese illustrierte Kulturgeschichte der Hose zeigt auf, wie Männer in den historischen Epochen, in denen sie »die Hosen anhatten«, ihre Beinkleider zur Selbstdarstellung nutzten. Die uns heute verblüffenden Bilder männlicher Selbstmanifestation sind aufschlußreiche Dokumente des herrschenden Zeitgeistes. Phantastische, erotische, prunkende oder farblos-neutrale Hosenformen spiegeln die jeweilige Zeit wider, zeigen auf, welche Rolle Mann spielte. Hosen als modische Inszenierungen sind Spiegel männlichen Selbstverständnisses und der Beziehung der Geschlechter zueinander.

*5 »Eine Frau wie ich ... einen Knopf annähen? Sie sind verrückt! ... Das wird ja immer schöner! ... es genügt ihr nicht, daß sie die Hosen anhat ... sie muß sie mir auch noch an den Kopf werfen! ...« Blatt von Honoré Daumier, 1844*

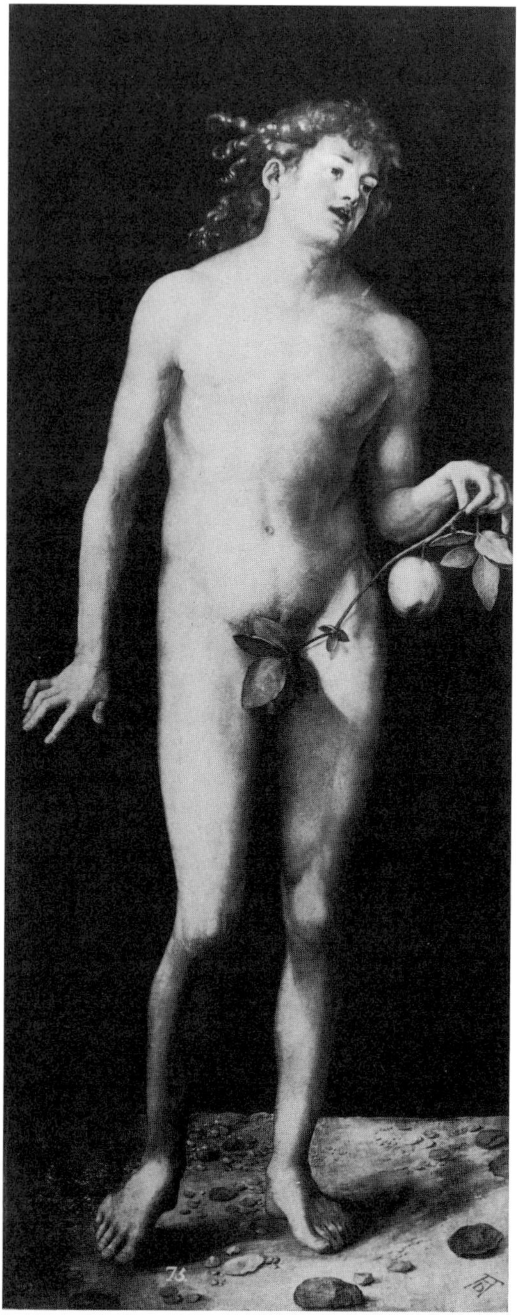

*6 Albrecht Dürer, Adam, 1507*

# Die zweite Haut

*»Ein junger Mann soll eingedenk sein, daß prächtige Staffage das Kind der Sünde darstellt, und er muß sich stets vor Augen halten, daß Kleider ein Symbol der ersten Sünde der Menschheit bedeuten.«*
*Richard Brathwaite, 1630*[4]

Nackt steht Adam vor uns. Seine Körpergrenze ist die Haut, die »äußere Bedeckung des tierischen und menschlichen Körpers.«[5] Aus biologischer Sicht dient sie »zu seinem Schutz, zur Wärmeregulierung, zur Aufnahme von Sinneseindrücken, der Wasserausscheidung, zum Teil auch zur Atmung und zur Bildung von Schutzstoffen.«[6]

Die menschliche Haut ist ein hochempfindliches Gebilde. Darin liegt ihr Mangel, aber auch ihre spezifische Qualität. Mangel, denn dem der Natur nur unzureichend angepaßten Menschen ist es im Unterschied zum Tier nicht gegeben, ohne Hilfsmittel in einem bestimmten Lebensraum unter optimalen Bedingungen zu leben. Der Mensch verfügt weder über einen Kälteschutz, noch besitzt er etwas Sinnvolles zum Angriff oder zur Verteidigung, hat weder Fell noch Schwarte, weder Horn noch Schild. Kurz, er ist, verglichen mit dem Tier, ein ausgesprochenes »Mängelwesen«,[7] das in seiner Nacktheit der Umgebung fast schutzlos ausgeliefert ist und ohne Hilfsmittel keine Überlebenschance hätte.

Die Empfindlichkeit der menschlichen Körperhülle hat aber auch ihre positiven Seiten: Zum einen reagiert die Haut äußerst sensibel auf äußere Reize; sie ist ein Organ gesteigerter Sinneswahrnehmung. Der Mensch kann mit ihr uneingeschränkt tasten und fühlen – die »Hauterotik«[8] ist stark ausgeprägt.

Andererseits ist der Mensch nicht auf bestimmte Lebensräume festgelegt. Er kann sich mit Hilfe einer selbstgefertigten »Zweiten Haut« seiner Umgebung anpassen, gegen Hitze oder Kälte schützen, sich tarnen oder panzern. Durch Kleidung und andere Hilfsmittel ist er in der Lage, seine körperlichen, naturgegebenen Mängel weitgehend auszugleichen, ohne die Vorteile der Sensitivität zu verlieren. Fritz Rumpf differenziert in seiner Arbeit über menschliche Trachten diese

 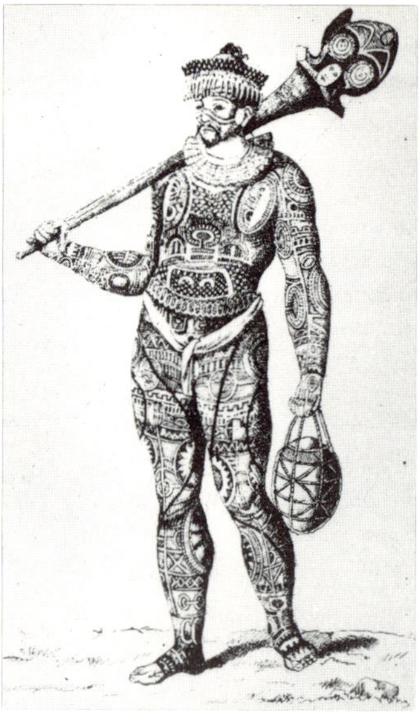

Möglichkeiten – er unterscheidet Wohlfahrts-, Kampf- und Nutztrachten sowie Zusatztrachten der Gesellschaft und des Reizes.[9]

Katrin Wiederkehr-Benz bemerkt im selben Zusammenhang: »Das Kleid ist eines der Mittel des Menschen, sich in die Umwelt besser einzupassen und zugleich den Raum zwischen dem ihm Gegebenen und dem von der Umwelt Verlangten auf seine eigene Weise auszufüllen. Es ist eine von der Natur unterdeterminierte Sphäre der Freiheit, der Bestimmbarkeit durch den Menschen.«[10]

Ein wesentlicher Aspekt kommt hinzu: Bedingt durch die Entwicklung des ›aufrechten Ganges‹ gerieten die männlichen Geschlechtsorgane aus einer relativ geborgenen in eine ausgesprochen exponierte Lage. Als die Menschen begannen, sich durch Kleidungsfragmente zu schmücken und zu schützen – welche Funktion dominierte, darüber wurde bisher keine Einigkeit erzielt – scheint zumindest bei der Bedekkung der männlichen Blöße das Schutzmotiv vorrangig zu sein.[11] In fast allen Kulturkreisen sind die Männer bestrebt, ihr Fortpflanzungsorgan zu schützen, sei es durch einen Lendenschurz, eine Schambinde oder -tasche, ein Penisfutteral oder eine Hose.

So pragmatisch sinnvoll die Verhüllung von Hoden und Penis erscheint, so wenig lassen sich mit der Zweckmäßigkeit allein die spezifischen Erscheinungsformen in Geschichte und Gegenwart erklären. Im-

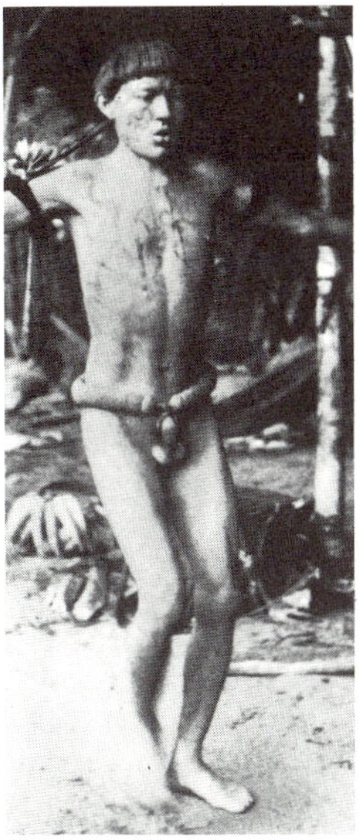

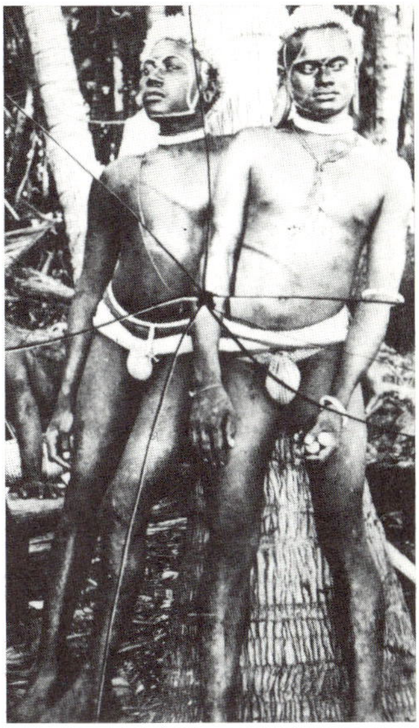

*7 Krieger mit Dolch und Schambinde, mittelminoische Statuette, 2000-1850 v. Chr.*

*8 »Nukahiver von großem Ansehen«, tätowierter Südseeinsulaner mit Schambinde, Marquesasinseln, 18. Jh.*

*9 Bolivianischer Indianer mit Hüftring und hochgebundenem Glied*

*10 Bewohner der Salomoninseln mit dekorierten Penisfutteralen, 1894*

mer wenn es um Kleidung geht, spielen »ausdruckshafte Merkmale«[12] eine nicht zu unterschätzende Rolle.

In welchem Verhältnis Zweckhaftigkeit und Ausdruck stehen, ist umstritten und hängt nicht zuletzt vom Kulturkreis ab, in dem Modeerscheinungen auftreten. Kleidung war jedenfalls nie *ausschließlich* zweckmäßig. Unabhängig von Kulturkreis und Zeit weist immer etwas über das rein Pragmatische hinaus, manchmal scheint das Unzweckmäßige das Zweckhafte sogar völlig verdrängt zu haben.

Als ein Indiz für die Bedeutung von Kleidung für den Menschen weit über die bloße Zweckmäßigkeit hinaus ist seine weitgehende Identifikation mit der Körperhülle anzusehen. Franz Kiener setzte sich mit diesem Spannungsverhältnis auseinander: »Den Mangel an Bedeckung hat der Mensch seit je als eine von der Natur ihm gestellte Herausforderung empfunden und ihn zu erfinderischen Leistungen angespornt. ... Die Kleidung wird ihm dadurch zum zentralen Anliegen; das Ich setzt sich mit den eigenen Kleidern gleich, sie sind der äußere Ring des Ich, das ›Kleider-Ich‹«.[13]

Heute wird regelmäßig schon das *Kleid* und nicht die Haut als Körpergrenze empfunden, ein Phänomen, das noch über das »Kleider-Ich« Kieners hinausweist. Marilyn J. Horn, die sich speziell mit dem Problem der ›Zweiten Haut‹ beschäftigt hat, begründet diese Grenzerweiterung mit dem Bekleidungszwang unserer Gesellschaft, dem schon die Kinder im Säuglingsalter unterliegen.[14] Körper und Kleidung werden in unserer Zivilisation früh als Einheit empfunden. Horn behauptet: »Clothes ... become a part of the body-image, and the same concerns that are attached to the body are often attached to clothing in like manner.«[15]

Allerdings hat der Mensch mehr Möglichkeiten, Einfluß auf seine Kleidung, die *Präsentation* seines Körpers auszuüben, als auf die Gestaltung des Körpers selbst, sieht man von Versuchen der Kopf- und Fußdeformationen bestimmter Völker oder kosmetischen Operationen einmal ab. Katrin Wiederkehr-Benz: »Der Körper ist dem Menschen eine Zufälligkeit. Der bekleidete Körper hingegen ist die nach seinem Bilde geformte Materie.«[16]

Wie die Beeinflussung des äußeren Erscheinungsbildes durch Bekleidung im einzelnen aussieht, hängt einerseits vom Individuum, andererseits und in erheblichem Maße von den geltenden gesellschaftlichen und kulturellen Normen ab, unter denen der Mensch lebt. Jede Gesellschaft fordert von ihren Mitgliedern Konformität. Der Selbstmanifestation durch Kleidung sind somit Grenzen gesetzt, die aber – wie die Geschichte zeigt – stark variieren können. Das Kleiderverhalten des einzelnen liegt dabei stets im Spannungsfeld von Konformität und Individualismus, Anpassung und Selbstdarstellung, Tradition und Veränderung.

Im Jahre 1982 machte der Performancekünstler Jochen Gerz[17] die männliche Nacktheit und ihre teilweise Verhüllung durch *ein* Hosenbein zum Thema: »Der Körper, der da unter seiner Mantelhülle vorleuchtet, ist nackt. Nacktheit ist die größte Ausgesetztheit: Das Subjekt, das dieser Körper ist, verzichtet auf alle ihm zustehenden Versteckmöglichkeiten, nicht ganz doch. Ein Hosenbein hat es übergestreift – eine närrische Bekleidung. Womöglich eine Anspielung auf die Halb-und-Halb-Ausrüstung des Harlekins. Vielleicht aber auch nur ein Angriff auf die Verführung zu eindeutigen Bestimmungen, Festlegungen oder Ausdeutungen. So wie die Sitzgeste Ruhe und Konzentration zugleich sein kann, der Mantel birgt, aber auch verrät, so macht das solistische Hosenbein die Nacktheit auffällig und relativiert sie ebensosehr.«[18]

Adam, nicht mehr nackt.

# Vom Urkleid zur Modetracht

## Die Kleidung des Steinzeitmannes

*»Also schwur er nichtigen Eid und reizte den Dolon. / Dieser hängte den krummen Bogen rasch um die Schulter, / Hüllte sich dann in das Fell eines grauen Wolfes als Mantel, / Setze den Otterhelm auf's Haupt und faßte den Wurfspieß.«*
*(Homer, »Ilias«)*[19]

Das Urkleid des Mannes unserer Zivilisation war vermutlich tierischen Ursprungs. Es ist anzunehmen, daß sich unsere Vorfahren als erstes das Abfallprodukt der Jagd, das Tierfell, zu eigen machten, um sich damit gegen das relativ rauhe Klima zu schützen. Dem Mann diente es zugleich zum Schutz seiner Genitalien. In den von Steinzeitmenschen bewohnten Höhlen Südfrankreichs und Spaniens fand man neben Bärenschädeln zur Fellbearbeitung geeignete Werkzeuge, die auf Kenntnisse des Fellesäuberns und -geschmeidigmachens schließen lassen. Steinzeitliche Felsmalereien bezeugen zudem, daß die Hose als männliches Bekleidungsstück wahrscheinlich schon vor 10000 Jahren bekannt war.[20]

Verglichen mit verschiedenartigen Ausprägungsformen des Genitalienschutzes anderer Kulturen, etwa den unzweckmäßig vergrößerten Penisfutteralen der Hebriden[21], erscheint uns das Urkleid unserer germanischen Vorfahren, der Lendenschurz, später die Kniehose als ausgesprochen zweckmäßig.

*11 Steinzeitliche Bogenschützen mit Lendenschurz. Felsmalerei aus der Valltorta-Schlucht, Spanien. 12 Mann in Kniehose. Felsmalerei aus El Secans, Spanien*

Schon für die Steinzeit kann eine gewisse soziale Differenzierung in der Kleidung angenommen werden. Wer über die kunstvoller gefertigte Kleidung verfügte, markierte seine Vormachtstellung. Hannsferdinand Döbler zufolge waren schon in der Vor- und Frühgeschichte unterschiedliche Gerb- und Färbeverfahren bekannt.[22] Belegt ist für dieselbe Zeit das Tragen von Muschelschmuck. So wären zumindest zwei Möglichkeiten der Ausschmückung und Standesmarkierung für die prähistorische Zeit gegeben.

Trotzdem: Die Zweckmäßigkeit von Kleidung, insbesondere der Schutz vor Witterungseinflüssen und Verletzungen, scheint für die Menschen der Frühzeit an erster Stelle zu stehen. Liegt in der Schutzfunktion aber tatsächlich das maßgebliche Motiv für das Tragen der Urkleidung? Um diese Frage beantworten zu können, müssen wir uns genauer die Bedingungen vergegenwärtigen, unter denen der Steinzeitmensch seine Bekleidung erwarb.

Mit dem Erlegen des wilden Tieres vollbrachte der steinzeitliche Jäger eine große Tat. Das Tierfell ist als *Trophäe* anzusehen, die von Kraft und Mut des Jägers zeugte. Erika Thiel meint, schon in der klassenlosen Urgesellschaft sei das wertvollste Fell dem Älteren oder Tüchtigeren zugefallen.[23] Somit hätte das Fell für den Träger ein Privileg bedeutet, seinen Vorrang markiert. Lawrence Langner läßt den Nutzeffekt der Fellkleidung sogar gänzlich außer acht, wenn er schreibt: »Von den meisten anderen Körperbedeckungen unterscheiden sich Felle dadurch, daß sie das Ergebnis eines blutigen Kampfes zwischen Mensch und Tier sind, wobei das Tier unterliegt. Das Fell wurde von dem primitiven Jäger zunächst als Trophäe getragen, die seine Überlegenheit über das Tier zeigen sollte; er trug sie vornehmlich als Schmuck und zum Zweck der Selbstverherrlichung.«[24]

Der Begriff Schutz meint hier aber nicht nur physischen Schutz, sondern schließt psychische Motive ein. Kleidung kann bekanntlich Mängel verdecken und Reize unterstreichen. Indem der Mann seinen Körper bedeckt und insbesondere sein Geschlechtsteil dem öffentlichen Blick entzieht, sind dem direkten Vergleich mit der Ausstattung anderer Männer Schranken gesetzt. Rivalitäten können nicht mehr über Größe und Potenz des Penis ausgetragen werden; Ängste, die sich darauf beziehen, mindern sich.

Langner nennt einen weiteren Grund, der die Verhüllung der Geschlechtsorgane für den Mann sinnvoll erscheinen läßt: Die sichtbare Erektion des Penis könne unfreiwillig sexuelles Interesse verraten, auch wenn dies unerwünscht, unter Umständen sogar gefährlich sei. Erst die

*13 Ono-Familie, Tahiti*

Bedeckung ihrer Blößen ermögliche es einer Gruppe von Menschen, »friedlich zusammenzuleben, ohne unter den Männern der Gemeinschaft störenden Verdacht und Eifersucht zu wecken.«[25] Auch Kiener sieht in der Bekleidung ein wichtiges Mittel zur »Entsexualisierung der Öffentlichkeit«.[26] Dem ungezügelten Geschlechtstrieb des Menschen müsse durch Kleidung eine Schranke gesetzt werden, um ein relativ friedliches Gemeinschaftsleben zu ermöglichen. Ob diese Annahmen nicht Projektionen von Wertvorstellungen der Neuzeit in die Geschichte sind, sei dahingestellt.

Umso wichtiger ist zweifellos eine andere Tatsache – die von Ethnologen häufig angeführte und belegte Verhaftung des Urmenschen im magischen Denken. Mit der Veränderung seines Erscheinungsbildes durch Kleidung im weitesten Sinn vollzog sich in der Vorstellungswelt des »Primitiven« vermutlich eine reale Verwandlung. Kiener spricht in diesem Zusammenhang von »Identifikationsmagie«[27]: Indem er sich das Fell eines wilden Tieres umlegte, verleibte sich der Jäger in seiner Phantasie zugleich die Eigenschaften der Bestie ein.[28]

Eine entsprechende Wirkung mußte die Tierkleidung auch auf das soziale Umfeld des Trägers haben. Seinen Stammesgenossen flößte sie vermutlich Respekt und Bewunderung, seinen Feinden Angst und Schrecken ein. Daß Kleidung der Abschreckung und Einschüchterung diente, legen neben dem eingangs zitierten Vers aus der »Ilias« auch andere Beobachtungen nahe. Kiener berichtet von »Löwenmenschen«, die 1954 im Tanganjika-Gebiet in Löwenhaut gehüllt, wohl unter dem Einfluß von Zauberern, mehrere Einheimische töteten.[29] Döbler nennt das Beispiel römischer Priester, die bei Fruchtbarkeitsfesten nur mit einem Bocksfell bekleidet die Geilheit und Fruchtbarkeit des Ziegenbocks verkörperten.[30] Die Ausführungen zeigen, daß das zunächst angenommene Primat der pragmatischen Zweckmäßigkeit steinzeitlicher Kleidung zumindest fragwürdig ist. Auch wenn die von Thiel vertretene These, die Kleidung habe sich aus dem Schmuck entwickelt, erst später sei aus dem »Schreck- und Imponierschmuck« Kleidung im heutigen Sinne geworden[31], eine sehr pointierte Position kennzeichnet, steht außer Zweifel, daß das Urkleid neben seiner Zweckmäßigkeit zugleich als Symbol männlicher Kraft und Tüchtigkeit anzusehen ist. Wie der Schmuck sollte die Kleidung unserer Vorfahren darüberhinaus Aufschluß über die Stellung des einzelnen in der Gemeinschaft geben, ihn auszeichnen und erhöhen.

*14 Raubtierfelle als Prunkgewand. Links: Pharao der 18. Dynastie, rechts: Oberpriester der Isis*

Mit dem Urkleid waren die männlichen Geschlechtsorgane dem öffentlichen Blick entzogen. Erst die Bedeckung der Genitalien führte in der Folge zur Herausbildung eines diesen Körperbereich berührenden Schamgefühls, das bis heute seine Gültigkeit hat. Das Schamgefühl wäre also nicht Ursache sondern Folge von Bekleidungsverhalten.[32] Hans Peter Duerr hingegen meint, daß »die Scham vor der Entblößung des Genitalbereiches keine historische Zufälligkeit ist, sondern zum Wesen des Menschen gehört.«[33]

Ein Blick auf außereuropäische Kulturen zeigt, daß Schambereiche und Tabuzonen keineswegs ausschließlich im Umkreis der Genitalien liegen, auch wenn sie sich aus genannten Gründen häufig darauf beziehen. Döbler führt diverse, unserem Kulturkreis fremde Schamzonen an, so die verkrüppelten Füße der Chinesinnen oder das Gesicht der Beduinenfrauen, Körperteile, die strikt verhüllt werden müssen.[34] In unserer Zivilisation stellt die Entblößung der männlichen Genitalien – soweit sie nicht magisch-rituellen Charakter hatte – außerhalb des engumgrenzten Intimbereichs seit Urzeiten eine Schamverletzung dar.[35]

## Vom Siegeszug der barbarischen Hosen

Ein großer Sprung führt uns aus der Vorgeschichte in die Zeit des römischen Kaiserreichs. Der freie römische Mann trug weite Gewänder unterschiedlichster Ausstattung, eine Übernahme der in Griechenland üblichen Kleidung. Das Besondere der römischen Tracht bestand vor allem in Form und Anordnung des Faltenwurfs, während der Schnitt der beiden Hauptbekleidungsstücke Toga und Tunika von ausgesprochener Einfachheit war. Die Tunika, das Hemd des Römers, bestand aus zwei gleichen Stoffteilen, die so zusammengenäht waren, daß Kopf- und Armöffnung freiblieben. Die Toga, das repräsentative Überkleid der »gens togata«, war ein großes, diagrammförmig zugeschnittenes Stück Stoff, das so um den Körper gewickelt wurde, daß nur der rechte Arm unbedeckt blieb. Die Falten bildeten vorne einen Überwurf, den Sinus.[36] Die römische Tracht war nach Form, Farbe und Muster präzisen Kleidervorschriften unterworfen und diente als Rangabzeichen, das Aufschluß über die Stellung in der gesellschaftlichen Hierarchie gab. Plebejer waren deutlich schlichter gekleidet als Patrizier, Sklaven bedeckten ihre Blöße oft nur mit einem Lendenschurz.

*15 Tunika und Toga. Statue des Kaisers Titus (79-81 n. Chr.)*

In der Spätzeit des Römischen Reichs, als die Entfaltung des Luxus ihren Höhepunkt erreichte, war die Toga zu einem ungeeigneten Kleidungsstück geworden: sehr stoffreich, würdevoll und repräsentativ, aber für das Alltagsleben höchst hinderlich. Zudem hatte sie in dieser Epoche, bedingt durch die Verleihung des römischen Bürgerrechts auch an untere Schichten und Provinziale, weitgehend ihre Bedeutung als Trachtenprivileg eingebüßt, war zu einem deutlich weniger exklusiven Kleidungsstück geworden.

Ganz anders als die römische war die Tracht der »barbarischen« Gallier und Germanen beschaffen. Deren Kleidung war zweckorientiert und schlicht. Der Gentilordnung entsprechend gab es keine hierarchi-

*16 Persischer Krieger in Lederrock und langen Beinkleidern. Detail aus dem Alexandersarkophag, Sidon, Hamdy-Bey, 4. Jh. v. Chr.*

sche Schichtung, somit auch keine soziale Differenzierung in der Bekleidung. Das Gewand der Männer bestand aus einem einfachen Kittel, einer als Mantel getragenen Decke und einer langen Hose.[37]

Die germanische Hose hat eine lange Vorgeschichte. Zwar ist der Nachweis für die Verbreitung von Kniehosen in der Altsteinzeit, den Thiel aufgrund steinzeitlicher Felsmalereien führt[38], nicht vollends erbracht, mit Sicherheit trugen jedoch asiatische Völker schon in vorgeschichtlicher Zeit Hosen. Aus der Zeit um 700 v. Chr. kennt man Hosen der Skythen, Sarmaten und Dakier[39], die meist aus zwei gleichen Teilen zusammengefügt und in manchen Fällen mit Musterungen, bevorzugt Punkten und Zick-Zack-Linien, versehen waren. Auch bei den keltischen Stämmen, die seit dem 6. Jahrhundert v. Chr. immer stärker an Einfluß gewannen, war die Hose als Beinkleid des Mannes bekannt. Von daher liegt eine Übernahme des praktischen Kleidungsstücks durch die Germanen nahe. Zur Eisenzeit, seit der die Hose als Bestandteil der germanischen Tracht mit Gewißheit nachweisbar ist, ist davon auszugehen, das Kontakte zu hosentragenden Völkern bestanden. Auch die Erklärung des Vor- und Frühhistorikers Karl Schlabow, der das Aufkommen der Hose auf den Klimasturz vor Beginn der Eisenzeit, also auf ihre Kälteschutzfunktion zurückführt, ist als möglicher Faktor zu sehen.[40] Nicht zuletzt scheint der Reiterei eine wichtige Rolle bei der Verbreitung der geteilten Beinbekleidung zugekommen zu sein, denn durch ihre gute Paßform ist die Hose gerade für diesen Zweck ein höchst sinnvolles Bekleidungsstück.

Auf der Grundlage relativ umfangreichen Quellenmaterials, diverser Fundstücke, römischer Reliefdarstellungen gefangener Germanen und Beschreibungen derselben, ist es möglich, ein recht anschauliches Bild der germanischen Tracht zu rekonstruieren. Die Hose der Germanen war nicht nur praktisch, sondern sehr aufwendig und kunstvoll gefertigt. Sie bestand aus Woll- oder Leinentuch, vermutlich auch aus gegerbtem Leder. Verbreitet waren knie- und knöchellange Varianten, auch Beinwickel waren in Gebrauch. In Taillenhöhe wurden die im Bund sehr weiten Beinkleider mit Gürteln gehalten.

Einen Hosenlatz kannten die Germanen noch nicht. Die aus jeweils einem Stück geschneiderten Beinlinge lagen eng an, ab Höhe der Unterschenkel blieben die Nähte offen. Dort wurden sie mit Schnüren geschlossen oder mit Stoffbahnen umwickelt. Vervollständigt wurde die Hose durch Einsätze, die vorne meist die Form eines Keilstücks, hinten die einer Klappe hatten. Deren Maße hingen von der Körperfülle des Trägers ab. Aus der Vielzahl von Teilstücken ergab sich ein komplizier-

*17 Germanischer Fürst mit langer, durch einen Gürtel gehaltenen Hose. Detail des Arcus Novus Diokletians, 304 n. Chr. 18 Germanen mit langen Beinkleidern und Kitteln. Detail der Markussäule in Rom, 2. Jh.*

ter Schnitt, der eher an das Zusammensetzen von Lederflicken denken läßt, als an eine Schnittentwicklung – möglicherweise ein Hinweis auf das ursprüngliche Verfahren. Lederhosen sind aufgrund der Materialbeschaffenheit allerdings nicht überliefert.

Wie die Herstellung der Kleidung überhaupt, oblag die Hosenschneiderei den Frauen. Sie webten nicht, wie dies heute geschieht, Stoffbahnen, aus denen die Hosenteile dann zugeschnitten werden konnten, sondern fertigten jedes Teilstück nach Maß des späteren Trägers. Dieses Verfahren sparte einerseits Garn, andererseits gaben die Webkanten der Hose einen festen Abschluß. Dem gleichen Zweck diente auch die Brettchenweberei, mit der die Abschlußkanten teilweise versehen wurden, obwohl hierbei sicher dekorative Absichten im Vordergrund standen. Unter den Textilfunden der Eisenzeit in Norddeutschland befinden sich diverse gut erhaltene Belegstücke für die beschriebene Herstellungsweise. Als besonders dekorativ und sorgfältig

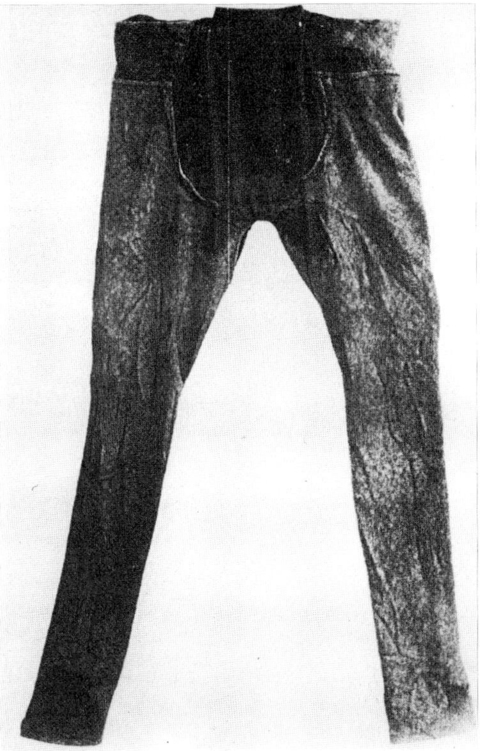

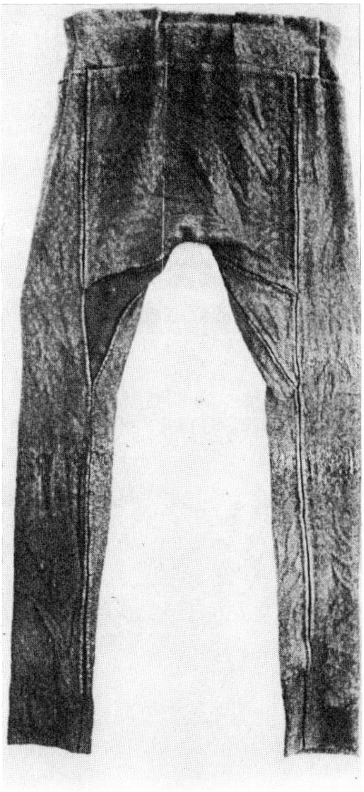

*19 Männerhose von Damendorf (Schleswig-Holstein), Vorder- und Rückseite*

*20 Webmuster und Schnittrekonstruktion der Kniehose von Marx-Etzel (Niedersachsen)*

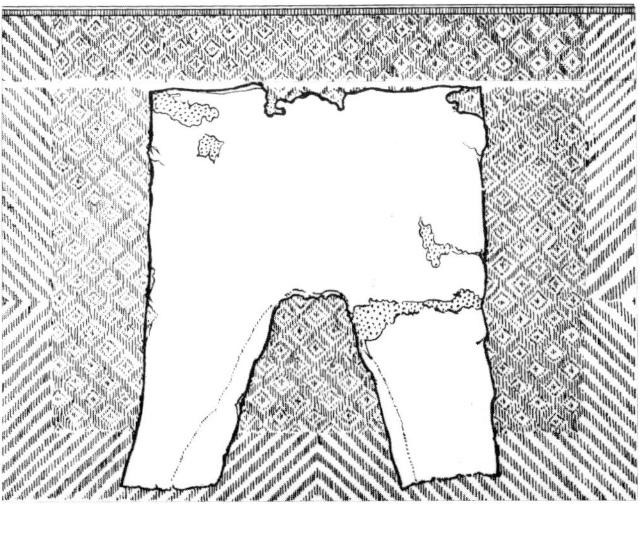

gestaltetes Exemplar sei stellvertretend die »Kniehose von Marx-Etzel« genannt.

Eine genauere Betrachtung der Stoffe diverser Fundorte verdeutlicht das komplizierte, aufwendige Webverfahren. So weist die »Männerhose von Damendorf« als Grundgewebe einen dekorativen Rautenköper auf. Zur Anwendung kamen auch andere musterbildende Webtechniken wie Gleichgratköper, Spitzgradköper und Diamantköper. Zwischen Männer- und Frauenkleidung sind nach heutigem Kenntnisstand webtechnisch, und somit auch in der Musterbildung, keine Unterschiede gemacht worden.[41]

Die farbliche Gestaltung der Beinkleider bleibt ungeklärt. Während für andere germanische und gallische Bekleidungsstücke pflanzliche Einfärbungen nachgewiesen sind, läßt sich dies für Hosen nicht belegen.[42] Mit Sicherheit sind jedoch Variationen in den Naturfarben der Wolle anzunehmen: »Zum Fund von Dätgen gehört eine Hose von dunkler Farbe. Der tiefbraune Ton beruht nicht nur auf Moorfärbung, sondern es ist eine von Natur dunkle Schafwolle beim Spinnen verwendet worden. Das Farbenspiel von Schwarz bis Hellbraun-meliert muß einst sehr lebhaft gewesen sein. Wir dürfen annehmen, daß es eine bewußte Schmückung war.«[43]

Bei den Kelten waren nicht nur Streifen- und insbesondere Karomuster verbreitet, ihre Kleidung wird insgesamt als ausgesprochen farbenfroh beschrieben. Der Chronist Diodor überliefert: »Ihre Kleidung ist erstaunlich: Sie besteht aus den gefärbten Chitones, die in allen Farben strahlen, und Hosen, die sie Brakes nennen. Mit Schnallen befestigen sie darüber gestreifte Mäntel, ... aus ... Stoff, der mit kleinen sehr bunten Rechtecken gemustert ist.«[44] Nicht unwahrscheinlich, daß auch die Hosen bunt gestaltet waren, Belege gibt es dafür allerdings nicht.

Den Griechen und Römern galt die Hose, das praktische Kleidungsstück ihrer Feinde, lange Zeit als Symbol der Unkultiviertheit und des Barbarentums. So berichtet Herodot: »Während sich aber Kroisos zum Feldzug gegen die Perser rüstete, riet einer der Lyder, der auch schon vorher im Ruf der Weisheit stand und aufgrund dieser Meinung vollends einen großen Namen bei den Lydern besaß, ... , dem Kroisos folgendes: König, du rüstest dich, gegen Leute zu ziehen, die lederne Hosen und auch die übrige Kleidung aus Leder tragen, die nicht soviel essen wie sie wollen, sondern soviel sie haben, weil sie ein rauhes Land besitzen.«[45]

Gallien wurde von den Römern »Gallia bracata« genannt, nach dem dort üblichen männlichen Kleidungsstück, der brôk oder Bruch –

latinisiert: bracata.[46] Die »barbarische Hose« galt in Rom noch Ende des 4. Jahrhunderts, als sie sich, bei den Soldaten der römischen Legionen beginnend, allmählich durchsetzte, als derart anstößig, daß eine kaiserliche Verfügung das Hosentragen unter Strafe stellte. Mit »Verbannung und Einziehung der Güter«[47] war bedroht, wer sich über dieses Verdikt hinwegsetzte.

*21 Römischer Sklave beim Überbringen einer Hose mit Füßlingen*

Trotzdem war der Siegeszug der Hose nicht aufzuhalten. Auch in Rom wurde sie zum typischen männlichen Beinkleid. Toga und Tunika wurden in den Bereich des Sakralen zurückgedrängt und blieben ehrenvollen öffentlichen Ämtern vorbehalten, wo Variationsformen bis heute ihre Anwendung finden.

In seiner »ungeschichtlichen historischen Komödie« »Romulus der Große« setzt Friedrich Dürrenmatt den germanischen Hosenfabrikanten Cäsar Rupf mit dem römischen Kaiser ins Gespräch:

*C.R.:* Ich bin mir selbstverständlich bewußt, daß die konservativen Kreise Roms gegen die Hosen sind, wie immer, wenn wieder einmal eine Erleuchtung dämmert.

*R.:* Wo die Hose anfängt, hört die Kultur auf.

*C.R.:* Dieses Bonmot können Sie sich als Kaiser natürlich leisten, aber ich als Mann unvernebelter Wirklichkeit sage mir ganz nüchtern, daß der Hose die Zukunft gehört. Ein moderner Staat, der keine Beinkleider trägt, geht in die Binsen. Daß die Germanen Hosen tragen und so erstaunliche Fortschritte machen, beruht auf einem Zusammenhang, der zwar den ewigen Staatsmännern, die nie in die Tiefe denken, vollkommen schleierhaft sein muß, aber für einen Geschäftsmann sonnenklar ist. Nur Rom in Hosen wird dem Ansturm germanischer Horden gewachsen sein.[48]

# Das Friedenskleid des Ritters

22

*»Wer vil nuw fund macht durch die land,*
*Der gibt viel ärgernyß vnd schand*
*Vnd halt den narren by der hand.«*[49]

In der Mitte des 14. Jahrhunderts vollzieht sich in der europäischen Rittertracht ein bemerkenswerter Wandel. Kurze Röcke und strumpfhosenähnliche Beinkleider lösen die weiten, in der Taille mit einem Gürtel zusammengehaltenen, knöchellangen Gewänder ab. 1350 heißt es in der Limburger Chronik: »Darnach da das Sterben, die Geiselfahrt, Römerfahrt, Judenschlacht, als vorgeschrieben steht, ein Ende hatte; da hub die Welt wieder an zu leben und fröhlich zu seyn, und machten die Männer neue Kleidung. Die Röcke waren unten ohne Geren, und waren auch abgeschnitten um die Lenden, und waren die Röck einer Spannen nahe über die Knie. Darnach machten sie die Röck also kurz; eine Spann unter den Gürtel.«[50]

Vor der Zeit der »neuen Kleidung« trugen Ritter[51], so sie nicht im Kettenpanzer kriegerischer Tätigkeit nachgingen, unter dem langen Überhang eine halblange Leinenhose, genannt Bruche oder Niderwat, und Beinbinden, die später durch Strümpfe ersetzt wurden. Die Farbe des ritterlichen Unterkleides war meist Rot oder Braungelb.[52]

Diese feminin wirkende, anmutig-zarte Kleidung wirkt befremdlich, ist doch der Mittelpunkt ritterlichen Lebens im 12. und 13. Jahrhundert der Kampf und nicht die Muße.[53] Luchaire bemerkt über das 13. Jahrhundert: »Pour la societé d'alors la guerre était l'état normal ...« (Für die damalige Gesellschaft war der Krieg der Normalzustand.)[54]

Kriegerische Auseinandersetzungen und blutige Fehden bestimmten weitgehend das ritterliche Alltagsleben, und herrschte zwischenzeit-

*23 Albrecht von Johannsdorf. Miniatur aus der Manesse-Liederhandschrift, 14. Jh.*

lich einmal Frieden, so brauchte der Ritter wenigstens noch die Illusion des Krieges. Turniere, die die Friedenszeiten überbrücken halfen, unterschieden sich vom Krieg nur wenig.

Auf den Burgen waren die Beziehungen zwischen Mann und Frau durch ausgesprochene Fremdheit der Geschlechter, große Differenz der Lebensformen und des Lebensraums geprägt. Frauen waren von der Zentralsphäre des männlichen Lebens, der kriegerischen Betätigung, ausgeschlossen, die Männer zumeist für sich und unter sich.[55] »Dame, allez vous mettre à l'ombre, ... , et, par dedans vos chambres peintes et doreés, allez avec vos suivantes manger et boire, occupez-vous de teindre la soie: C'est votre métier. Le mien est de frapper de l'épée d'achier.« (Dame, ziehen Sie sich in den Schatten zurück, gehen Sie essen und trinken mit Ihrem Gefolge in Ihren ausgemalten und geschmückten Zimmern, beschäftigen Sie sich mit dem Seidefärben: das ist Ihr Beruf. Meiner ist es, mit dem Schwert aus Stahl zu hauen.)[56]

*24 Ritterliche Trachten, 1. Hälfte des 14. Jh.*

Mit dieser Anrede ist die an der Mehrzahl der kleinen und mittleren Ritterhöfen übliche Rollenzuweisung deutlich zum Ausdruck gebracht. Das männliche Erscheinungsbild auf den Burgen war vom Kriegskleid, dem Ketten- und Ringelpanzer geprägt, das Friedenskleid war die Ausnahme, die Zusatztracht.

An den großen Feudalhöfen gestalteten sich die Männer-Frauen-Beziehungen deutlich anders. Dort bildeten sich Zentren mittelalterlich-höfischer Kultur, die wesentlich von den Frauen dominiert war.[57] Hier entstand auch die uns frappierend weiblich anmutende Tracht der Ritter und Edelleute. Am Hof, wo die Minne und ihre frauenverherrlichenden und -verklärenden Gedichte und Lieder ihren Ort fanden, spielten Frauen eine gesellschaftlich bedeutende Rolle. Oft standen die Höflinge in einem direkten, auch emotionalen Abhängigkeitsverhältnis zu ihrer Herrin (frouwe), eine Bindung, die im Minnesang Hartmann von Aues deutlich zum Ausdruck kommt:

»Ob ich si iemer mêre gesehe,
desn weiz ich niht für wâr.
dâ bî geloube mir, swes ich ir jehe,
ez gêt von herzen gar.
ich minne si vür allin wîp
und swer ir des bî gote.
alle mîne sinne und ouch der lîp
daz stêt in ir gebote.«[58]

Die Edelleute orientierten sich an weiblichen Schönheitsidealen. Zarte Haut, rote Wangen, seidig-lockiges Haar und nicht zuletzt das weite, in der Taille von einem schmalen Gürtel gehaltene Gewand sind sichtbare Anzeichen einer Angleichung des männlichen an das weibliche Geschlecht.

Die fast vollständige Übereinstimmung der männlichen höfischen Tracht mit dem Kleid der Frauen währte bis ins 14. Jahrhundert. Danach grenzten sich die Geschlechter auch in der Friedenstracht wieder deutlich voneinander ab.

Zunächst wandelte sich das Kriegskleid: Das vergleichsweise geschmeidige, gewandähnliche Kettenhemd wurde vom Plattenharnisch abgelöst, einer starren, den Körperformen nachgebildeten Panzerung.[59] Dementsprechend mußte das lange Unterkleid einer knappen, geteilten Bekleidung weichen. Paul Post formuliert 1910 in seiner Dissertation über die »französisch-niederländische Männertracht einschließlich der Ritterrüstung im Zeitalter der Spätgotik, 1350 bis 1475«[60] als erster den ursächlichen Zusammenhang zwischen Veränderung der Rüstung und Wandel der ritterlichen Tracht des Spätmittelalters: »Während das Kettenhemd in seiner Wirksamkeit nicht beeinträchtigt, eher gefördert wurde, wenn es in weiten Massen von den Schultern herabfiel, so gewährten die, in welcher Weise auch immer angeordneten Plättchen einen wirksameren Schutz und ermöglichen bequemes Tragen nur dann, wenn der Rock, an dem sie befestigt sind, eng am Körper anliegt.«[61] Das lange Gewand unter dem Kettenhemd konnte über den Kopf an- und ausgezogen werden, eine Möglichkeit, die der Plattenharnisch nicht

*Vom Kettenhemd zum Plattenharnisch. 25 Ritter mit Kettenhemd, Lederwams, Arm- und Beinschienen, um 1370. 26 Geschnürtes Lederwams und Beinschienen, um 1390. 27 Feldharnisch mit beweglichen Scharnieren, um 1480*

mehr zuließ: »Man schneidet daher den Rock vorne und hinten auf und schnürt und knöpft ihn zu … . Dieser neue Kostümtyp muß als Wendepunkt in der gesamten abendländischen Männertracht betrachtet werden. An Stelle des langen mittelalterlichen Hängegewandes tritt der kurze, vorne offene und geknöpfte Rock mit Beinkleidern, wie er sich … in seinen wesentlichen Bestandteilen bis in unsere Tage erhalten hat.«[62]

Mit dem Wandel der Rüstung begann eine Modeentwicklung, die im ausgehenden 14. und vor allem im 15. Jahrhundert das Erscheinungsbild des Mannes grundlegend veränderte: Die Kleidung lag immer enger am Körper an, der Rock wurde zusehens kürzer. Innerhalb weniger Jahrzehnte schrumpfte das männliche Oberkleid derart, daß es, bislang knöchel-, wenigstens aber wadenlang, um 1350 kaum noch die Knie, im Jahr 1376 nicht einmal mehr Schamteile und Gesäß bedeckte.[63] Unter dem Wams wurden Hemd und Hosenbeine sichtbar. Daß die Beinlinge jetzt endgültig zu einem Kleidungsstück zusammengefügt wurden[64], scheint mit dem kurzen Obergewand in unmittelbarem Zusammenhang zu stehen. In umständlich angenestelten Strümpfen wollte sich offenbar kein Mann öffentlich zeigen.

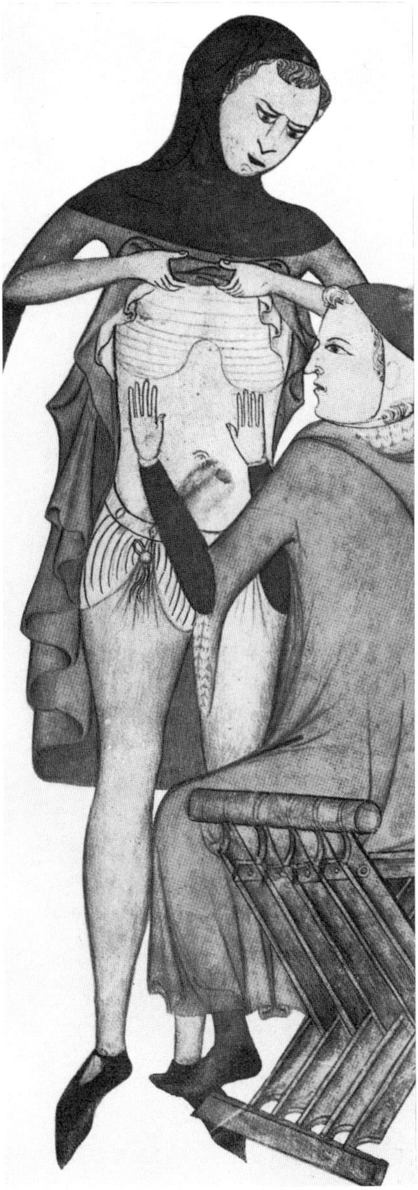

*28 Mittelalterliche Darstellung einer medizinischen Untersuchung. Der Ausschnitt zeigt, wie die Beinlinge an der Bruche angenestelt wurden.*

Die neue Mode war ausgesprochen umstritten. Schon im Jahr 1342 führt der Zeitgenosse Villani darüber heftige Klage: »Ich darf auch nicht vergessen, die häßliche Veränderung der Kleidung zu erwähnen, die uns die Franzosen brachten, als der Herzog nach Florenz kam; denn wäh-

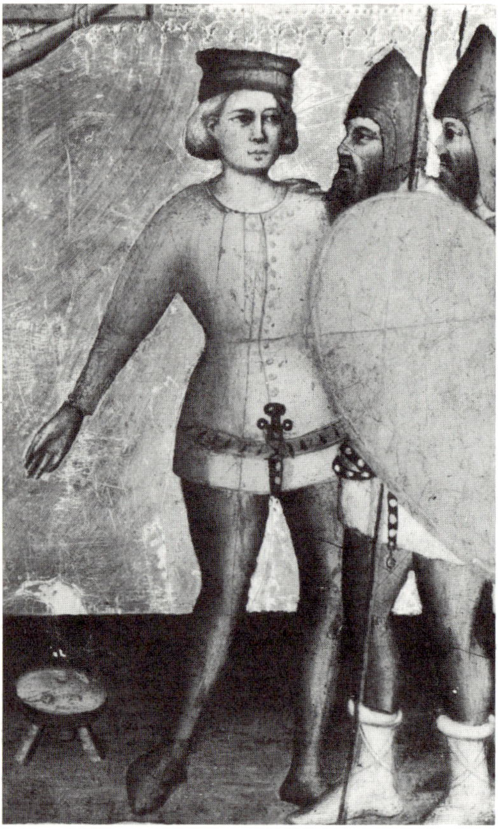

29 *Jüngling in enger, körperbetonter Tracht mit tiefsitzendem Hüftgürtel, Ende 14. Jh.*

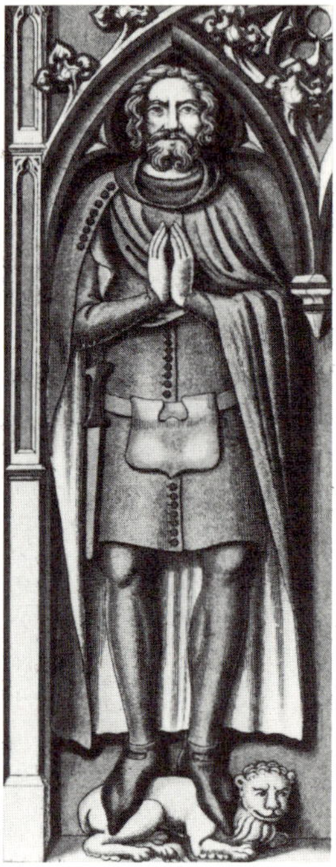

30 *Mann mit breiter Geldtasche am Gürtel, Ende 14. Jh.*

rend vor alters ihre Gewänder schöner, vornehmer und ehrbarer waren als die irgendeiner anderen Nation und Ähnlichkeit mit jener der togatragenden Römer hatten, kleideten sich die Jünglinge in ein kurzes und so enges Oberkleid oder Gonella, daß sie sich nicht ohne fremde Hilfe anziehen konnten, dazu trugen sie einen Ledergürtel breit wie ein Pferdegurt, mit übergroßer Schnalle und ebensolchem Dorn und mit einer großmächtigen Geldtasche nach deutscher Art über dem Schamhügel.«[65]

Die neuen, extrem enganliegenden Beinkleider waren mit einem Latz versehen, der, zumal die Hose unter dem Plattenharnisch getragen wurde, zunächst aus rein praktischen Gründen entstanden sein mag, sich aber bald zum eigentlichen Blickfang der modischen Tracht entwickelte. Das ehemalige Unterkleid des Ritters wurde hoffähig, zugleich aber über das rein Zweckmäßige hinaus so gestaltet, daß es richtig erscheint, jetzt erstmalig von *Mode* im heutigen Sinn zu sprechen. Mit der neuen Mode ging eine Veränderung des Körpergefühls Hand in Hand. Die Historikerin Liselotte C. Eisenbarth konstatiert: »Die unter dem Diktat der Rüstung angebahnte Entwicklung verselbständigte sich alsbald. Man erfindet Formen, die allein aus den technischen Bedingungen des Plattenpanzers nicht zu erklären sind. Die Kleidung ... verrät ein vollkommen neues Körpergefühl, eine neue Einstellung zum Körperlichen überhaupt.«[66]

Die enge, kurze Tracht läßt die Gliedmaßen hervortreten, zugleich wird der Körper nach den Schönheitsidealen der Zeit geformt: Er erscheint überlängt, gestreckt, jünglingshaft schlank.

Auswüchsen der neuen, derart das Körperliche betonenden Mode tritt die Obrigkeit durch regelmäßige Verfügungen, sogenannte *Kleiderordnungen* entgegen. Erst einer Modeerscheinung gegenüber, meint Ei-

*31 Vornehmer in Landsknechtstracht, 15. Jh. 32 Jünglingsfigur, Italien um 1490*

senbarth, »die im ständigen Wechsel die menschliche Gestalt formte und umformte und, nur ihren eigenen Stilgesetzen verpflichtet, bisweilen die bizarrsten Gestalten schuf, sahen sich die Magistrate zum strengen Einschreiten genötigt.«[67]

Die selteneren Kleidervorschriften vor 1350 richteten sich gegen den Luxus, die »Hoffahrt« und »Üppigkeit«.[68] Fragen der Sittlichkeit und Anstößigkeit spielten noch keine Rolle. Erst Mitte des 14. Jahrhunderts nimmt der Kampf gegen die »Hoffahrt« einen ausgesprochen moralisierenden Akzent an, wird die sich wandelnde Männermode zum Gegenstand der Gesetzgebung.

Wie stark die neue Tracht das Sittlichkeitsempfinden der Zeit verletzte, aber auch wie schnell sich die Grenzen dessen, was als anstößig galt, verschoben, zeigt ein Blick in deutsche Kleiderordnungen des 14. und 15. Jahrhunderts:

- 1356 erließ der Rat von Speyer eine Ordnung, die den Männern verbot, Röcke zu tragen, die nicht mindestens unter das Knie reichten.[69]
- Auch in Zittau, Straßburg, Zürich, Göttingen und Braunschweig werden im 14. Jahrhundert den Männern Mäntel und Röcke untersagt, die nicht wenigstens das Knie bedecken.[70]
- »In jenen Tagen ging die Torheit der Menschen soweit«, beklagt 1367 die Mainzer Chronik, »daß die jüngeren Männer so kurze Röcke trugen, daß sie weder die Schamteile noch den Hintern bedeckten.

*33 Musikanten, Frankreich, 15. Jh.*

*34 Detail aus einem Hausaltärchen. Unbekannter Meister der Bodenseegegend, um 1480*

*35 Höfische Moden des Spätmittelalters. Ausschnitt aus einem Stich von Israhel van Meckenem, Ende 15. Jh.*

Mußte sich jemand bücken, so sah man ihm in den Hintern. O, welch' unglaubliche Schande.«[71]

- Eine Nördlinger Kleiderordnung von 1467 stellt fest: »Als denn bisher etlich jung manspersonen ire mentel und röck so gar kurtz ... und ... unersamlich getragen ... das wir als ain rat gesatzt haben also: Das ain ieder ... dehain kurtzen rock noch mantel auch sunst dehain usswendig claid an irem lib tragen söllen, es raich dann so lang, als er mit sinem rechten arm und vingern bis auf sein rechtes bain ... abraichen mög.« Und 1478 sollen in Leipzig »alle kurtze rocke, dye hyndenn vnnd forne nicht woldeckenn, dar zu dye auff gehabenne großen breyten hoßenn letze vnuordackt ader offennlich zutragen ... abgestallt seynn.«[72]
- 1493 schließlich verkündet eine Straßburger Ordnung: »Als sich jetz begit das ettliche mannespersonen, die gotsvorht nit habent, unerbere schampere cleyder tragent, die oben tif uszgesnitten sind bisz uf die schultern, oder unden so kurtz das sie ime vornan und hinden sin schame nit bedecken mögen, mit anderer schentlicher ungestalt, das doch in erberer personen ougen lesterlich zuo sehen und nit zuo liden

*36 Jünglinge in modischer Tracht, nach 1450*

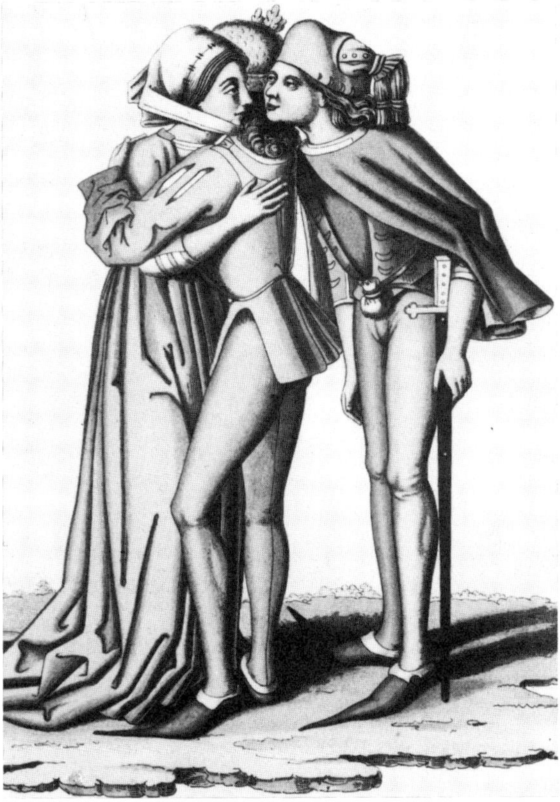

ist, darumb so habent unser herren meister und rät und die XXI erkant, das menglich sollicher cleyder in dieser stat nit me tragen sol, und das ein jeglicher sol sin cleydung, es sy rock oder mantel, zuorihten zuo machen das die zuom mynesten ein halb vierteil gange für sin schame und obenuf ouch bedecke noch zymlicher gebüre; und wer hiewider tete, den wil man darump strofen ...«[73]

Nicht nur Gesetzesprosa führten die Sittenwächter des 15. Jahrhunderts gegen die neuen Moden ins Feld, auch lyrisch ließ man sich dagegen aus:

»Viel nüwerung ist in allem land,
Kurtz, schäntlich vnd beschrotten röck,
Das eyner kum den nabel bdöck.
Pfuch schand der tutschen nacion!«[74]

Ob solcher Modetorheiten beschwören andere Zeitgenossen die Strafe Gottes, auch die Verbreitung der Pest wird auf Wollust und schamlose

Kleidung zurückgeführt. Selbst mangelndes Kriegsglück, als Folge göttlichen Zorns, bringt der Chronist von St. Denis mit der sittenwidrigen Gewandung in Verbindung:

»Die einen trugen so kurze Gewänder, daß sie, wenn sie sich bükken mußten, um einen Herren zu bedienen, denen, die hinter ihnen standen, die Hosen, und was darunter, zeigten. Und waren diese Hosen so eng, daß sie dazu beim An- und Ausziehen, indem man sich gleichsam abschälen mußte, noch besonderer Hilfe bedurften.«[75]

Neben den kurzen Röcken, die den Blick auf die Hose freigaben, erregten insbesondere die *Hosenlätze* Aufsehen und Anstoß. Die Hosenlätze hatten im Verlauf des 15. Jahrhunderts immer auffälligere Dimensionen angenommen. Die Nürnberger Kleiderordnung (vor 1480) sieht sich genötigt, darauf ihr besonderes Augenmerk zu richten:

»Wann auch von ettlichen mannspersonen eynn unzüchtige und schanndbare übung und gewonheit entstanden ist, also das sie ire letze an den hose on notturfft grössen lassen und dieselben an tenntzen und anderhalben vor erbern frowen und jungfrowen unverschambt ploss und unbedeckt tragen, das dann nit alleyn Gott, sonnder auch erberkeyt und mannlicher zucht wider und unzymlich ist, demnach ist eyn rat daran kommen, vestliglich gebiettennde, das hinfüro eyn ydes mannspilde, burger oder inwoner dieser statt latz an den hosen nyt bloss, unbedeckt oder sichtiglich tragen soll.«[76]

(Nachdem unter ettlichen Mannspersonen eine unzüchtige und schändliche Gewohnheit entstanden ist, nämlich daß sie ihre Lätze an den Hosen ohne Not vergrößern lassen und dieselben bei Tänzen und andernorts vor ehrbaren Frauen und Jungfrauen ohne Scham bloß und unbedeckt tragen, was nicht allein Gott, sondern auch Ehrbarkeit und männlicher Zucht zuwider und unziemlich ist, hat der Rat beschlossen und gebietet feierlich, daß fürderhin ein jedes Mannsbild, Bürger oder Einwohner dieser Stadt, seinen Latz an den Hosen nicht bloß, unbedeckt oder sichtbar tragen soll.)

Derart ausstaffierte Hosen wurden vorrangig von jungen Edelleuten, aber auch von höfischen Bediensteten und Handwerkern getragen. Eine genaue Untersuchung über die Verbreitung dieser Tracht steht noch aus, doch ist anzunehmen, daß die modischen Schnitte in vergleichbaren Kreisen beliebt waren, wie das *Mi-parti*, die farblich voneinander abgesetzte Tracht. Veronika Mertens stellt in ihrer Studie über das »Mi-parti als Zeichen«[77] fest, daß die geteilte Tracht in dieser Epoche weit verbreitet war, insbesondere in Kreisen »betonter Weltlichkeit«. Wie das Mi-parti in seiner Buntheit und auffälligen Musterung ist

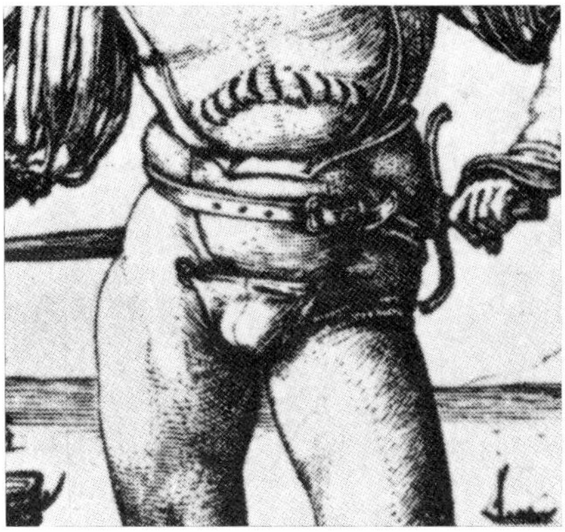

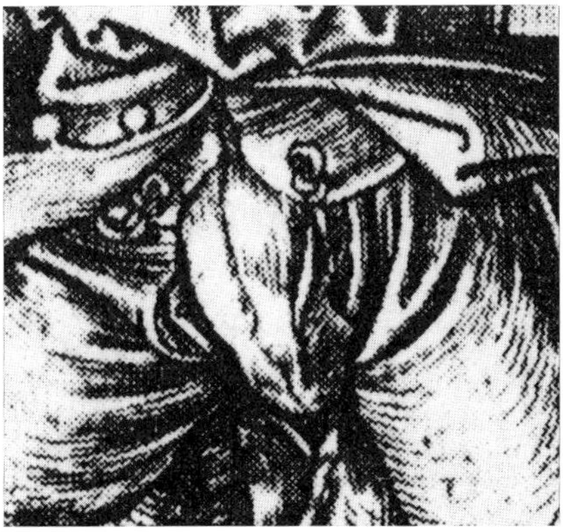

*37-41 Hosenlatzvarianten, um 1500*

*42 Mi-parti, die in Form und Farbe asymmetrisch geteilte Tracht. Jünglingsfigur, um 1480*

auch die körperbetonte, erotische Kleidung der Edelleute des ausgehenden Mittelalters als Zeichen starker Diesseitigkeit fern von geistlich-religiöser Askese zu sehen – eine ausgesprochen weltliche Tracht.

Lange, weite Gewänder als Zeichen von Würde und Gravität waren nach wie vor die Tracht der Gelehrten, Kleriker, Richter und Magistratsbeamten, Ständen und Kreisen, die für Kontinuität und Bewahrung einstanden. Auch die bäuerlichen Schichten blieben, aus Gründen wie Traditionalismus, eingeschränkte Finanzmittel, Praktikabilität, im allgemeinen gegen die neuen Moden resistent. Der Kittel blieb noch jahrhundertelang das gebräuchlichste Kleidungsstück des Landmannes.[78]

Die soziale Stellung der Protagonisten des modischen Wandels, der Ritter und Edelleute, war im Spätmittelalter im Umbruch begriffen. Ritter und Feudalherren verloren im Zuge von Zentralisierungsprozessen und der Herausbildung territorialer Herrschaftsstrukturen ihre ursprünglich weitreichende Autonomie. Die zahllosen Kleinterritorien des 12. und 13. Jahrhunderts wurden zu immer größeren Einheiten unter einheitlicher Herrschaft arrondiert. Die Verfügungsgewalt über Waffen und kriegerische Macht ging aus der Hand des gesamten Feudalstandes in die Hand eines einzelnen seiner Mitglieder, des Landesherren, Fürsten oder Königs über. Dem Ritter blieb nur die Wahl, sich mit einem kümmerlichen Leben zufriedenzugeben, das er durch Raub aufzubessern suchte, oder sich in die Dienste der Territorialherren zu begeben.[79]

Am Hof wurden neue Formen des friedlichen Umgangs gefordert und eingeübt, die rauheren Gewohnheiten einer hemmungslosen Kriegerschicht, als Folge eines ungesicherten, ständig bedrohten Lebens, milderten sich. Die Krieger »verhöflichten«[80], ihre relative Triebungebundenheit war nunmehr courtoisen Umgangsformen, den Regeln des Hofes, unterworfen.

Norbert Elias beschreibt die Anforderungen an den spätmittelalterlichen Höfling präziser: »Die ganze Vollkommenheit des Edelmannes besteht nicht nur darin, daß er sich gut in seinem Harnisch hält und

*43 Höfische Moden, 2. Hälfte des 15. Jh.*

*44 Albrecht Dürer, Marktbauern im Gespräch und junges Paar, Federzeichnung, um 1497*

*45 Frauenrobe und kurzer Männerrock, Burgund, 15. Jh.*

auf alle Waffen versteht, und auch nicht darin, daß er sich gerade noch zur Not beherrscht, wenn er unter Frauen ist, und auch nicht darin, ›àdresser l'amour‹, obgleich man auch das als eine der Funktionen des Edelmannes ansieht, es gibt mehr als das; da ist der Dienst an der Tafel der Könige und Prinzen, die Art, seine Sprache abzumessen, genau nach Rang und Stand der Personen, mit denen man spricht, die Haltung der Augen, der Gesten, alles, bis zur geringsten Bewegung, bis zum Zwinkern des Auges.«[81]

Die Selbstbeherrschung, auch mensura oder mâze genannt, galt als besondere höfische Tugend. Der »wahre Ritter« sollte nicht im Affekt losschlagen oder seiner Liebesleidenschaft freien Lauf lassen, sondern sich zurückhalten, seine Gefühle nicht unvermittelt zeigen. Mäßigung seiner Heftigkeit und vornehme Haltung wurde ihm abverlangt – als Grundvoraussetzung für ein friedliches Zusammenleben.[82]

Die körperbetonte, enge Kleidung, die zeitgenössischen Berichten zufolge[83] die natürliche Bewegungsfreiheit in erheblichem Maße einschränkte, ist auch als Zeichen des Rollenwandels deutbar, dem sich der verhöflichte Ritter unterziehen mußte. Auch die erotischen Aperçus des Beinkleids, die Betonung der männlichen Körperformen und der exponierte Hosenlatz lassen sich auf die Verhöflichung zurückführen. Steht nicht alles, was bislang männliches Selbstbewußtsein prägte, seinen Vorrang in den Geschlechterbeziehungen ausmachte, zur Disposition? Die »Mogelpackung« durch Ausstopfen des Latzes scheint Indiz dafür zu sein, daß mit Hilfe optischer Manipulationen die Bewahrung männlicher Überlegenheit mindestens im sexuellen Bereich demonstrativ zur Schau gestellt werden sollte, gerade weil die höfische Gesellschaft des Spätmittelalters geistig-intellektuell von den Frauen dominiert war. Die Bildung der vornehmen Frau bei Hofe war meist besser als die des Mannes, sie war ihm »in der Sphäre der friedlichen Geselligkeit überlegen.«[84]

Im gleichen Verhältnis, wie die kriegerischen Funktionen der Ritter an Bedeutung verloren, das höfische Leben an Bedeutung gewann, veränderten sich auch die Geschlechterbeziehungen: »Wie überall dort, wo die Männer zum Verzicht auf körperliche Gewalt gezwungen sind, stieg das soziale Gewicht der Frauen. Hier, im Innern der großen Feudalhöfe, stellt sich ein gemeinsamer Lebensraum, eine gemeinsame Geselligkeit von Männern und Frauen her.«[85]

*46 Miniatur aus der Toggenburg-Bibel, 1411*

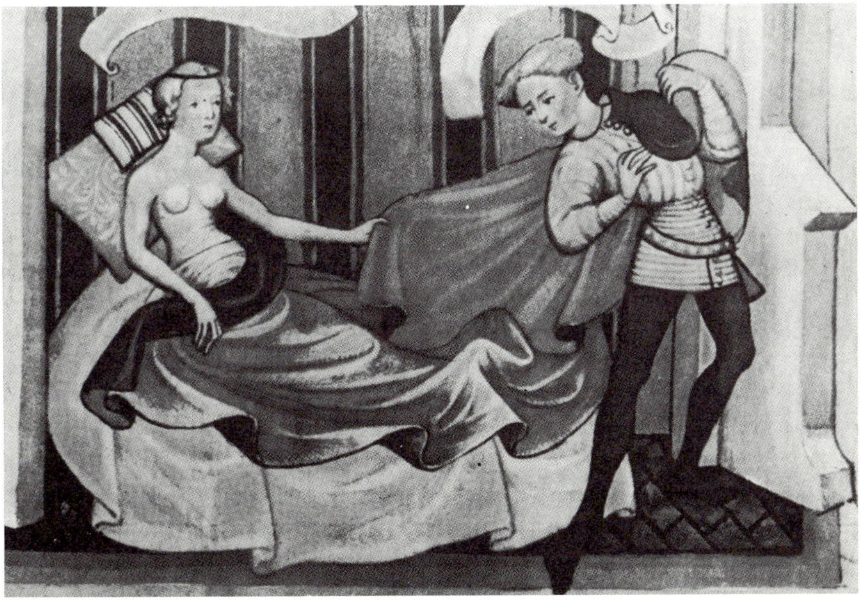

Zwar ist die Vorherrschaft der Männer im Spätmittelalter keineswegs gebrochen, das Selbstbewußtsein bestimmter Teile der Männergesellschaft aber offensichtlich soweit unterhöhlt, daß es zu Demonstrationen von Männlichkeit kommt, die ihren augenfälligsten Ausdruck in den ausstaffierten Lätzen der Edelmänner findet. Diese Modevariante ist entsprechend auch dort am weitesten verbreitet, wo männliche Dominanz am deutlichsten in Frage gestellt ist, an den Feudalhöfen.

# Das Jahrhundert der Schamkapseln

*Die Schamkapsel: »... eine plastische, oft zu einer Tasche ausgearbeitete Polsterung in der Schamgegend an den phantastischen Männerhosen des 16. Jahrhunderts.«*[86]

## Renaissance – Zeit des Umbruchs und der Neuorientierung

Die gesellschaftlichen Strukturen, ihr Affektstandard, ihre Scham- und Peinlichkeitsschwellen bilden die Grundlage auch für Erscheinungsformen der Mode. In Zeiten des Umbruchs treibt modischer Aufwand häufig bizarre Blüten – demonstriert nicht Kleidung am besten, wo man gerade auf der Leiter der Hierarchie steht, oder besser: stehen möchte?

Jacob Burckhardt skizziert die Situation des Individuums in der Renaissancezeit mit den Worten: »Je weniger nun die Unterschiede der Geburt einen bestimmten Vorzug verliehen, desto mehr war das Individuum als solches aufgefordert, all seine Vorteile geltend zu machen. ... Das Auftreten des Einzelnen und die höhere Form der Geselligkeit werden ein freies und bewußtes Kunstwerk.«[87]

In der Renaissance ist das städtische Bürgertum die aufstrebende Gruppe, die sich Macht und Einfluß mit Adel und Klerus teilen will, hat sie doch durch Handel und Geldwirtschaft erheblich an Boden gewonnen. Dieser Entwicklung analog verliert die ritterlich-feudale Adelsschicht immer mehr an Bedeutung, sinkt ab oder versucht, sich an den Höfen zu etablieren. Eine höfisch-absolutistische Struktur ist im Entstehen begriffen, hat aber noch keine festen Formen angenommen.[88]

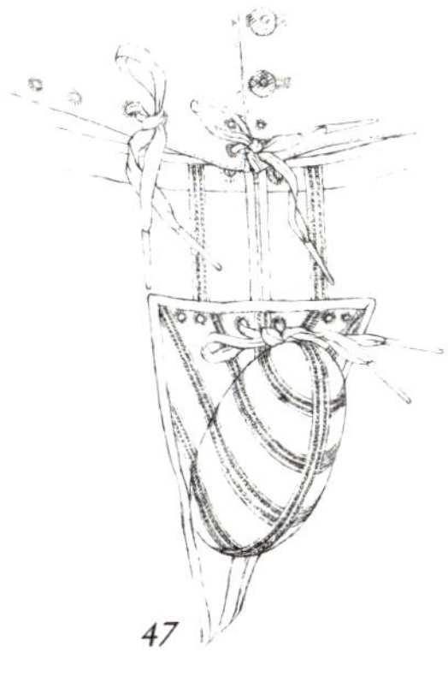

47

Galt der Adel dem arrivierten Bürger zunächst noch als Vorbild, dem er bestmöglich nachzueifern versuchte, setzte er ihm mit wachsendem Selbstbewußtsein immer stärker eigene Werte entgegen. Er ist am Wandel interessiert, Adel und Klerus hingegen haben ein vitales Inter-

*48 Hans Burgkmair d.Ä., Selbstbildnis als Bräutigam, aquarellierte Federzeichnung, 1497*

esse an Kontinuität, am Erhalt des Bestehenden. Auf Dauer sind letztere jedoch gezwungen, sich dem Wandel anzupassen.

Soziale Mobilität, Konkurrenzverhalten, Geltungsbedürfnis und Selbstbehauptung, gepaart mit der Betonung individueller Leistung, sind wesentliche Merkmale des 16. Jahrhunderts. Das Rationale, Weltliche, Natürliche bekommt einen völlig neuen Stellenwert in der Werteskala der Zeit. Das tätige, aktive Leben wird höher bewertet als das kontemplative, der Müßiggang verabscheut – rationales Kalkül, planvolles Handeln, Vernunft und Berechnung gewinnen die Oberhand. Die zunehmende Bedeutung säkularisierter Themen in der Malerei[89], insbesondere beim Portrait, die zentralperspektivische, möglichst genau der Natur nachgebildete Wiedergabe der Welt von einem individuellen Standort aus – das alles sind deutliche Hinweise auf tiefgreifende Veränderungen, die sich in dieser Epoche vollziehen. Agnes Heller stellt den besonderen Zeitcharakter heraus: Das Vorher wie das Nachher sei, gemessen an der Renaissance, eine, wenn auch auf unterschiedliche Weise, homogen geschlossene Gesellschaft gewesen.[90]

Die Phase der Neuorientierung ist zugleich von Gefühlen der Unsicherheit, der Angst und des Neids gekennzeichnet. Die starre mittelalterliche Ordnung, das »Gottgewollte« hat seine Gültigkeit verloren, al-

*49 Augsburger Patrizierpaar, Anfang 16. Jh.*

*50 Heinrich Aldegrever, Hochzeitstänzer, Stich von 1538*

*51 Geschlitzte Tracht der Renaissance. Lucas Cranach d.Ä., Bildnis eines Herren mit Pfeil, um 1530*

*52 Englische Renaissancemode. Unbekannter Maler, Bildnis eines jungen Mannes, 1540/48*

les erscheint veränderbar und instabil. Luther beschreibt die »Freiheit eines Christenmenschen«[91] durchaus zwiespältig: Zwar befreit sich die Persönlichkeit aus Abhängigkeiten von Kirche, Stand und Zunft, wird selbständig, damit aber auch einsam und gefährdet. Die Möglichkeiten wachsender sozialer Mobilität können für den einzelnen Auf-, aber auch Abstieg bedeuten. Was zählt, ist seine individuelle Leistung und Durchsetzungsfähigkeit. Der humanistischen Lehre zufolge sollen Bildung und Können, nicht mehr Stand und Frömmigkeit, den Rang des Menschen in der Gesellschaft bestimmen. In der Folge wächst der Konkurrenzdruck, denn jeder ist bestrebt, sich eine möglichst gute Position in der Gesellschaftshierarchie zu sichern, niemand scheint sich dieser Entwicklung entziehen zu können. Pius II. berichtet vom »Elend der Hofmänner« und stellt fest: »An den Fürstenhöfen gibt man sich die größte Mühe, andere niederzustoßen, um selbst emporzuklimmen. ... Unter den Höflingen gibt es kein Vertrauen; der Bruder ist vor dem

*53 Schützen und Gelehrter, 1514. Links: Armbrustschütze in gestreiften, enganliegenden Beinkleidern. Mitte: Bogenschütze in geschlitzter Landsknechtstracht. Rechts: Gelehrtentracht*

Bruder nicht sicher, der Sohn nicht aufrichtig zum Vater und der Vater nicht aufrichtig zum Sohn.«[92]

Das Fehlen fester Ordnungen verstärkt das Bedürfnis, sich durch sichtbare Statussymbole zu unterscheiden, hervorzuheben und abzugrenzen. In Gesellschaften mit stabilen Rollenzuweisungen und Traditionen spielt Mode eine untergeordnete Rolle. Der zuvor und danach bislang nicht überbotene außerordentliche Kleideraufwand, den die Menschen der Renaissancezeit betreiben, wird erst in diesen Zusammenhängen verständlich. Prunkentfaltung wird demonstrativ als Mittel des Wettbewerbs eingesetzt, soll den erreichten Stand bezeugen, den erstrebten geltend machen. Kleidung wird zum Hauptbestandteil des Geltungskonsums, zum wirkungsvollen Ausdruck individueller Ansprüche auf Rang, Macht und Bedeutung. Der sprunghaft gewachsene Wohlstand des 16. Jahrhunderts[93] und der damit einhergehende enorme Aufschwung des Textilhandwerks bilden dafür die Basis.

Ein venezianischer Gesandter berichtet vom Hof Heinrichs IV., daß ein Mann erst als reich gelte, wenn er 25 bis 30 Gewänder verschiedener Machart besitze und täglich ein anderes anlege.[94]

Und Milichius klagt im »Schragteufel«: »Es ist jetzt kein Bürger so arm, kein Handwerksgeselle und Pflugbengel so gering, daß er nicht wolle Sammet und Seide tragen; Barchent, Harras und gemeines Tuch ist alles zu schlecht geworden.«[95]

Die Stoffe sind kostbar, die Stoffülle kolossal, die Herstellung höchst zeitintensiv und die Ausstattung so prunkvoll wie möglich. Die Verwendung von Goldfäden, Perlen und Edelsteinen zur Ausschmükkung der Gewänder wird in Adelskreisen durchaus üblich. Die Kleiderordnungen ergehen sich in Aufzählungen verbotener Luxusartikel, können dem »eitlen Streben« dennoch keinen Einhalt gebieten.

*54 Geschlitzte italienische Männertrachten, vor 1500*

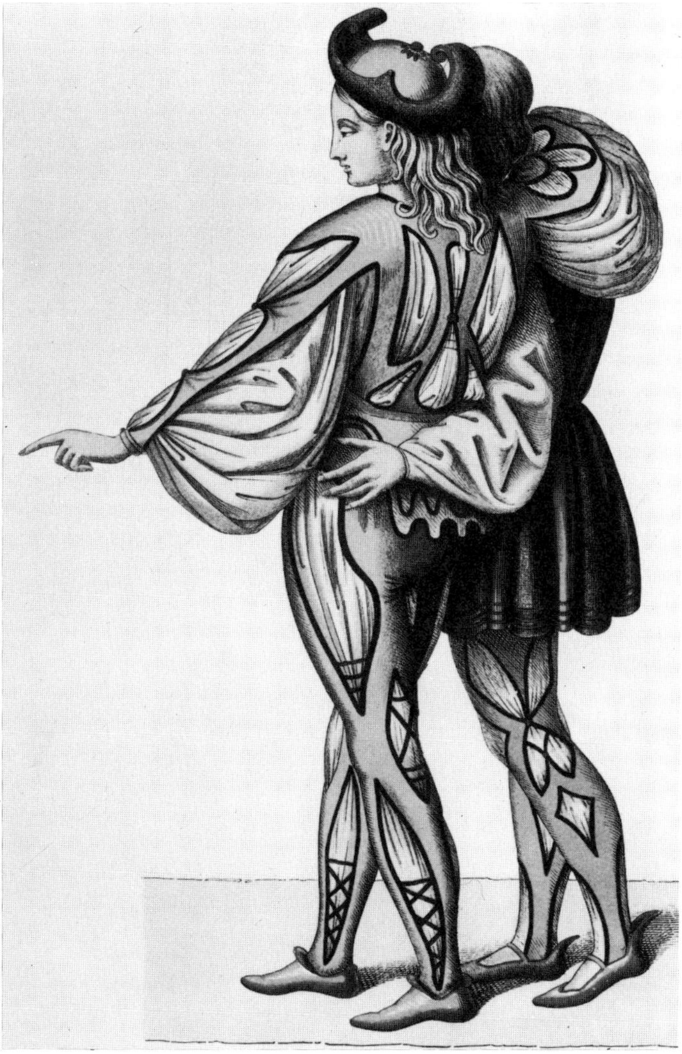

*55, 56 Männliche Prunkgewänder mit kostbaren Stickereien. Domenico Veneziano, Anbetung der Könige (Details), 1439-41*

ENPOR

Das 16. Jahrhundert ist modisch gekennzeichnet durch ein buntes Nebeneinander von Schnitten und Farben. Fremde Trachten werden übernommen, verändert, dem individuellen Geschmack angepaßt. Veit Konrad Schwarz, Sohn des Matthäus Schwarz und wie dieser Buchhalter bei den Fuggern in Augsburg, setzt die Tradition einer persönlichen Kleiderhistorie, die sein Vater angelegt hatte, fort und beginnt sie mit den Worten: »Wir Theutschen sein mit Kleidung je und alwögen nie anderst gewest alls wie die affen ..., war wir gesehen haben wir muessen nachmachen auff vilerlai Nationen artt. Mi kann sunst kainer kain zu abentheurischen Furm ains Kleids aufbringen, dann ye Seltsamer klaidung vann schnitt van hosen, wammes vund schuch ainer auffbringt, ye liber ichs trag.«[96]

Die Übernahme ausländischer Moden ist nicht auf Deutschland begrenzt, sie ist ein allgemeines Phänomen der Renaissance. In Frankreich wird darüber ebenso räsonniert wie schon 150 Jahre früher in der italienischen Frührenaissance. Der Vergleich nationaler Ausprägungen der Renaissancemode zeigt, daß der Kleiderluxus in Deutschland weit hinter dem Italiens und Frankreichs zurückbleibt, ein Resultat der unterschiedlichen ökonomischen Realität der Länder. Auf der anderen Seite bewirken Kriegswirren und Unruhen, daß sich die »Deutsche Tracht« mehr als alle anderen ins Formlos-phantastische entwickelt.

Mit der Hinwendung zum Natürlichen, zur Körperlichkeit, die in der bildenden Kunst der Renaissance ihren Ausdruck findet, vollzieht sich auch ein einschneidender Wandel der Mode. Die gotische Überhöhung wird aufgegeben zugunsten menschlicher Proportionen. Die starren, bewegungshemmenden Schnitte des 14. und 15. Jahrhunderts entsprechen nicht mehr dem Geist und den Anforderungen einer Zeit, die dem aktiven Leben hohen Stellenwert einräumt.

Der Affektstandard des 16. Jahrhunderts wird durch zwei Faktoren deutlich angehoben: durch die Verhöflichung des Adels und den Aufstieg des Bürgertums. Der adelige Höfling ist als Abhängiger gezwungen, bestimmte Rücksichten zu üben, sein Triebleben zu zügeln bzw. umzuformen, Emotionen zu unterdrücken – eine Entwicklung, die sich schon im Spätmittelalter abzeichnet und in der Renaissance weitgehend ihren Abschluß findet.

Der gewachsene Einfluß, das Nachdrängen des Bürgertums führt gleichfalls zu einer Veränderung der Umgangsformen; der Bürger verhält sich insgesamt disziplinierter, rationaler, sittenstrenger als der Adelige. Mit wachsendem Selbstvertrauen setzt er seine »Tugend« der höfischen »Frivolität« entgegen, eine Entwicklung, die Elias wie folgt begründet: »Die Regelung der Geschlechterbeziehungen, der Zaun, mit dem die sexuelle Sphäre des Triebhaushaltes eingeengt wird, ist bei den mittleren aufsteigenden bürgerlichen Schichten entsprechend ihrer beruflichen Lage stets weit stärker als bei der höfisch-aristokratischen Oberschicht ... .«[97]

Die bürgerlichen Tugenden bilden sich auf der Grundlage des aktiven Geschäftslebens, das rationales Kalkül erfordert, und stehen in krassem Gegensatz zum höfischen Leben, das von Vergnügungen verschiedener Couleur geprägt ist.

Nicht zuletzt ist das 16. Jahrhundert auch eine Zeit »zivilisatorischer Verfeinerung«. Sprache, Tischsitten, Gesten und Bräuche verlieren ihre mittelalterliche Ungeschliffenheit und Direktheit, Ge- und Verbote der Manierenbücher werden differenzierter, auch moralisierender, ein Prozeß, den Elias auf den »Auftrieb von unten« und die damit verbundenen Abgrenzungsbemühungen der Oberschicht zurückführt.[98]

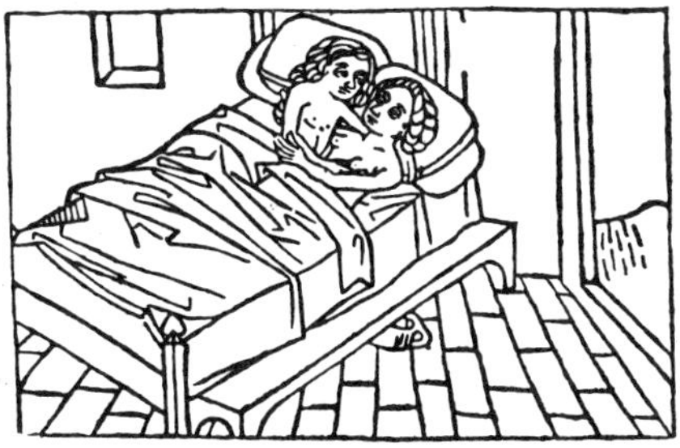

*57 »Hie beschlafft Peleus sein haußfrawen thetis,« Druck von Anton Sorg, Augsburg 1482.*
*58 Druck von Johannes Koelhoff, Köln 1489*

Im allgemeinen ging man in der Renaissance noch äußerst unbefangen mit Angelegenheiten um, die heute eindeutig dem Intimbereich zugeordnet, »hinter die Kulissen des gesellschaftlichen Lebens« verlegt sind.[99] »Ein wohlerzogener Mensch«, bemerkt etwa Erasmus von Rotterdam in seiner in dieser Hinsicht aufschlußreichen Schrift »De civilitate morum puerilium libellus«, erschienen in Antwerpen im Jahre 1526, »soll sich nie dazu hergeben, die Glieder, mit denen die Natur das Gefühl der Scham verband, ohne Notwendigkeit zu entblößen. Wenn die Notwendigkeit dazu zwingt, muß man es mit Dezenz und Reserve tun ... .«[100] Er schließt seinen Essay mit der Bemerkung, auch wenn man allein sei, müsse man daran denken, daß die Engel immer zugegen sind und daß sie das Entblößen intimer Körperteile verabscheuen.[101] Gegenüber den geringeren Scham- und Peinlichkeitsschwellen des Mittelalters zeigt sich hier ein deutlicher Wandel.

Trotzdem fiel nicht der Ächtung anheim, wer im 16. Jahrhundert öffentlich seine Notdurft verrichtete. Auch der Anblick des nackten Körpers war nicht tabuisiert (es wurde nackt geschlafen, gemeinsam gebadet). Sexualität war noch nicht mit dem »Bann des Schweigens« belegt, man sprach darüber offen, auch vor den Kindern.[102]

Der Prozeß der Zivilisation erreicht mit der Renaissance eine neue Stufe, dennoch ist auch dieses Jahrhundert noch von einer fast kindlich anmutenden Direktheit, Unbefangenheit und Emotionalität gekennzeichnet; Eigenschaften, deren Kehrseite die Freude an grausamen Schauprozessen, Strafgerichten und zweifelhaften Belustigungen, wie die Verbrennung lebendiger Katzen, ist.[103]

*59 Im Mittelalter übliche Strafen und Hinrichtungsarten. Aus Ulrich Tenglers Laienspiegel, Augsburg 1509 (Ausschnitt)*

# Die Landsknechtstracht

*60 Deutsche Landsknechte um 1500*

Die Kreation der Mode, der im folgenden unsere Aufmerksamkeit gilt, wird den Kriegsknechten der Renaissance zugeschrieben, jenen haltlosverwegenen Gestalten, die die Söldnerheere der Zeit bildeten. Das Söldnerwesen war an die Stelle der Lehnsverpflichtung getreten, der bewaffnete Adel zu Pferde vom kämpfenden Fußvolk abgelöst worden. Die Söldnerheere rekrutierten sich vornehmlich aus Bauern, aber auch Bürger und verarmte Adelige, Habenichtse ohne Land, stießen hinzu. Sie standen im Dienst beliebiger Herren, denn der Krieg war ihr Handwerk. Nationale oder idealistische Motive spielten für das Söldnergeschäft kaum eine Rolle, was zählte war allein die Löhnung, besser: die zu erwartende Beute, denn diese war zumeist ihr einziger Sold.[104]

Wie die mittelalterlichen Ritter, an deren Stelle sie getreten waren, bevorzugten die Landsknechte auffallende Kleidung, insbesondere leuchtende Farben und die Buntscheckigkeit geteilter Trachten. Die enge, bewegungshemmende Rittertracht hatte ebenso wie der Platten-

*61 Italienischer Landsknecht, 2. Hälfte des 15. Jh.*

harnisch aufgrund der veränderten Kriegsführung ihren Sinn verloren. Als Heerhaufen zu Fuß brauchten die Söldner vor allem größtmögliche Bewegungsfreiheit.

Die auffallende farbig geschlitzte Tracht der Landsknechte geht möglicherweise darauf zurück, daß zunächst die im Gefecht beschädigten Monturen dem Geschmack der Söldner entsprechend mit andersfarbigen Stoffen geflickt wurden, und diese »Flickmode« Nachahmer fand. In seiner Hauschronik schreibt Konrad Pellicanus von Rufach (um 1490): »... bis dahin hatte niemand buntfarbige zerhauene Kleider gesehen, aber jetzt mußten sich die Schneider daran machen, solche Flickerkünste zu lernen, denn die heimkehrenden Soldaten führten allerlei Neuerungen zu Hause ein.«[105]

Die Avantgarde des Landsknechtswesens, die Schweizer Söldner, setzten die neue Norm, ihnen wird die Veränderung der Tracht zugeschrieben.[106] Die allgemeine Verbereitung der Mode geht offenbar auf die »reisigen Knechte« zurück, Soldaten, die wechselnden Herren in ganz Europa dienten und denen zerfetzte, geflickte Monturen als Ehrenkleid galten: Je mehr Schlitze es aufwies, als desto kampfbewährter und verwegener stellte sich der Träger dar.[107]

Bald schlitzte man die Kleidung nicht mehr nur an den Arm- und Kniegelenken auf, sondern versah die ganze Tracht mit Schlitzen. Praktische Erwägungen, die für die Erweiterung der Kleider an Armen und Beinen zunächst eine wichtige Rolle gespielt haben mögen, traten immer mehr in den Hintergrund – ja, sie verkehrten sich in ihr Gegenteil. In einer zeitgenössischen Chronik heißt es: »Ihre Träger waren aufgebläht wie Truthähne und bunt wie Papageien.«[108] Extremformen der Phantasiekleidung scheinen eher geeignet, Bewegung zu behindern, denn sie zu fördern. Priorität hatte eindeutig die abenteuerliche Erscheinung; die Schlitzmode kam dem Naturell der Kriegsknechte, ihrem Wunsch nach Zurschaustellung in optimaler Weise entgegen.

Die Beinkleider wurden nicht nur weiter, sie wurden auch kürzer. Meist endeten sie unterhalb des Knies, die Waden schmückten farbige, enganliegende Strümpfe. Der Schnitt der Hosen, soweit dieser Begriff

*62 Landsknechte mit Braguette, Jac. Clasz van Utrecht, Flügelaltar, rechts (Ausschnitt), Holland, 16. Jh.*

*63-67 Geschlitzte Landsknechtstrachten, Deutschland, 16. Jh.*

*66 Landsknecht und Marketenderin. Federzeichnung von Georg Lemberger, um 1515*

67

noch auf sie angewendet werden darf, war ausufernd weit, die Hosengebilde formlos, oft sogar nur noch von Bändern und Schleifen zusammengehalten. Die Tradition, die Hose am Wams festzunesteln, setzte sich fort. Als »Diebessäcke«[109] bezeichnete der Volksmund die farbigen, sich bauschenden Futterhosen, deren Unterstoffe aus den Schlitzen hervorquollen, und ihnen ihr üppiges, prachtvolles Aussehen gaben. Den Höhepunkt dieser Entwicklung ins Gigantische stellt die »Hose nach Braunschweigischer Manier« dar, bei der die seidenen Futterstoffe durch die Schlitze bis auf die Knöchel fielen.

Erstmals wurde dieses phantastische Gebilde 1553 im Lager der Kurfürsten von Sachsen getragen.[110] Ein im Jahr 1555 gedrucktes Gedicht empört sich dagegen:

»Welcher dann nun will wissen,
was doch erfunden sey,
die Kriegsleut sind geflissen
auf solche Büberei,
sie lassen Hosen machen
mit einem Ueberzug,
der hangt bis auf die Knochen,
daran han sie nicht gnug.

Ein Latz muß sein darneben
wol eines Kalbskopfs groß,
Karteken drunter schweben,
Seiden on alle moß,
kein Geld wird da gesparet,
und sollt er betteln gon,
damit wird offenbaret
wer ihn' wird geben den Lon.«[111]

*68 Pluderhose mit Braguette. Stich von Virgil Solis, 16. Jh.*

*69 Wagenführer. Detail aus der Holzschnittfolge »Der Triumphzug Kaiser Maximilians I.« von Hans Burgkmair und anderen*

Doch nicht nur optisch erregten die Landsknechte Aufsehen, sie machten sich, glaubt man dem Zeitgenossen Johann Fischart, auch akustisch deutlich vernehmbar: »... es rauschte, wenn die Hosenhelden kamen, als wenn der Elbstrom durch die Brücke oder über die Wehr lief.«[112]

*70 Geschlitzte Hose nach »Braunschweigischer Manier« mit hervorquellendem Futterstoff. Pieter Brueghel d.J., Schlägerei auf dem Lande (Ausschnitt)*

Die extravagante Kleidung unterstrich das lärmende, provozierende Auftreten der Kriegsleute, die, führten sie nicht für Sold Krieg, raubend und plündernd durch die Lande zogen. »Diese Kerle waren nicht eingeordnet in die enge ständische Welt, sie waren gefürchtet ..., denn sie lebten aus dem Land und nahmen was sie brauchten. Dieses Außenseitertum kompensierten sie durch immer riesigere, aufwendigere Kleidung, deren Anblick allein schon die Bürger einschüchterte.«[113] Kaum anzunehmen, daß die kostbaren Stoffe, aus denen sich die Landsknechtstracht zusammensetzte, bieder beim Tuchhändler erworben wurden. Kleidung war für die Söldner vielmehr zugleich Trophäe, Beweis erfolgreicher Raubzüge.

Die Kleiderordnungen des 16. Jahrhunderts tragen der Sonderstellung der Landsknechte Rechnung. Sie gestehen den Soldaten Freiheiten

*71 Landsknechte mit Pluderhosen und bandschleifengeschmückten Hosenlätzen.*
*Jost Amman, Ein Landsknechtzug, 1573 (Ausschnitt aus einer fünfteiligen Holzschnittfolge)*

zu, die für eine Zeit, die ansonsten detailliert die Standestrachten regelt, sehr weitgehend sind. Kaiser Maximilian I. soll, bedrängt, den Modetorheiten seiner Söldner Einhalt zu gebieten, geantwortet haben: »Laßt sie doch gehen, bei ihrem unseligen und kümmerlichen Leben muß man ihnen einen Spaß gönnen ...«[114]

In der Reichsordnung von 1530 erlaubt sein Nachfolger den Landsknechten als einzigem Stand, sich nach Belieben zu kleiden: »Aber ein kriegsman / so eyn dienst hett oder hauptman vnd im Zugk were / vnd des eyn passbort oder urkund würd anzeygen / der mag sich / nach gestalt der leuff vnd wie jm gelegen / kleyden vnd tragen.«[115]

*72 Pluderhose, 16. Jh.*

Die Schamkapsel oder Braguette, in der alles bisher gesagte kumuliert, stellt die Krönung der Phantasietracht der Landsknechte dar. Als Überbleibsel des spätmittelalterlichen ritterlichen Unterkleids wird sie, obwohl ihrer Funktion im engeren Sinne beraubt, nicht etwa abgeschafft, sondern zum augenfälligsten Bestandteil der neuen Mode. Die Schamkapsel wird in einer Weise betont und ausgestopft, daß sie, wie Montaigne bemerkt »das wahre Modell eines Gliedes wurde, das wir anständigerweise nicht einmal nennen dürften.«[116] Die Form der Braguette ist variantenreich, vor allem nimmt ihre Dimension bemerkenswerte Ausmaße an. Wie die gesamte Tracht, weisen auch die Schamkapseln unterschiedliche Schlitzmuster, beispielsweise Sterne oder Mondsicheln auf, die mit farbigen Stoffen unterlegt sind. Zudem werden sie des öfteren mit riesigen Schleifen geschmückt. Der Zeitgenosse Fischart beschreibt diese kindskopfgroßen Sinnbilder männlichen Protz- und Potenzgebahrens als »Ochsenköpfe, Hundsfidelbögen, Schneckenhäuslein«.[117]

Wie ist es zu erklären, daß die Söldner des 16. Jahrhunderts sich mit einem zwar »verpackten«, dennoch unverhohlen profilierten Abbild ihres Geschlechtsteils zur Schau stellten? Die Braguette der Landsknechte ist als aggressives Teil der Kriegstracht anzusehen. Das häufig Erektion vortäuschende, sichtlich vergrößerte Glied symbolisiert Stärke und Angriffslust des Trägers, gilt doch das erigierte Geschlechtsteil als Zeichen hoher Anspannung und Erregung. Beim Betrachten der zeitgenössischen Abbildungen fällt auf, daß häufig Waffe und Braguette eine optische Einheit bilden.

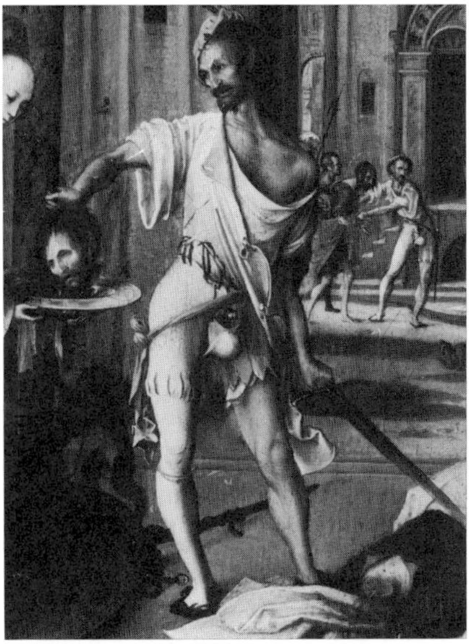

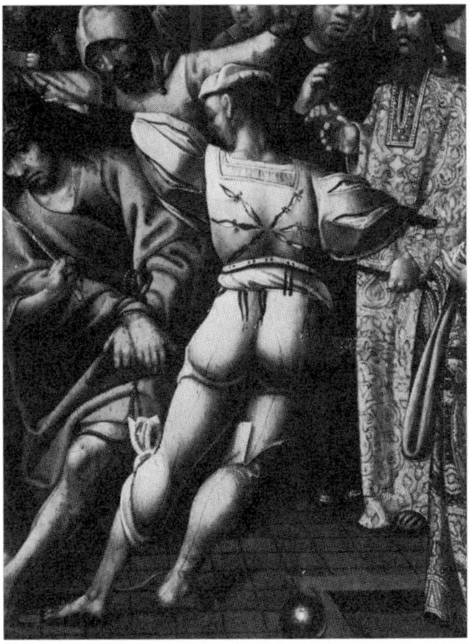

*Außerhalb der Gesellschaft stehende Gruppen wie Henker, Huren, Aussätzige und Ketzer wurden durch Kleiderordnungen gezwungen, zur Warnung und Abschreckung »unehrbare« Kleidung zu tragen. 73 Antwerpener Meister, um 1520, Enthauptung Johannes des Täufers (Ausschnitt). 74 Jan van Rillaer d.Ä., Das Urteil des Salomonis, 1528 (Ausschnitt). 75 Albrecht Altdorfer, Enthauptung der heiligen Katharina (Ausschnitt). 76 Cornelius Engelerechtsz, Dornenkrönung Christi, um 1500 (Ausschnitt)*

*77 Urs Graf, Reisläufer besucht die Dirne Fortuna, Federzeichnung*

*78 Urs Graf, Liebeshandel, Federzeichnung*

Mit der massiven Betonung seines Geschlechts wies der Landsknecht zudem ohne Umschweife auf seine sexuelle Interessenlage hin. Frauen waren dazu da, männliche Lust zu befriedigen, und waren sie nicht willig, so gebrauchte Mann Gewalt. In diesem Verhalten sah man nichts Ehrenrühriges, Vergewaltigungen, z.B. nach der erfolgreichen Eroberung einer Stadt, stellten durchaus übliche Honorierungen soldatischen Erfolgs dar. Zeitgenössische Berichte schildern Landsknechte als geile, Frauenreizen verfallene und der Trunksucht ergebene Menschen, als die Verkörperung der Lasterhaftigkeit schlechthin.[118]

Die »zerhouwen hosen« werden zum gemeinsamen Merkmal einer Gruppe von Menschen, die am Rande der Gesellschaft stehend, sich durch die potentielle Bedrohung aller auszeichnet.

Die Montur der Landsknechte erfüllt alle Kriterien, die nach Kiener eine Kriegstracht definieren: Sie wirkt imposant, reizt, fordert heraus und schüchtert ein.[119] Erotische Signale, die von der Tracht, prononciert von den überdimensionierten Schamkapseln, ausgehen, werden deutlich von aggressiven Komponenten dominiert. Aufreizende Farben, besonders Blutrot, verstärken diese Wirkung.

Hans Sachs nimmt die phantastische Söldnertracht zum Anlaß, in seinem Stück »Der Teuffel lest kein Landsknecht mer inn die Helle faren«, Belzebock, der von Lucifer ausgesandt war, um die leer gewordene Hölle mit gottlosen Kriegsknechten zu füllen, vor Grausen vor den wüsten Gesellen bebend heimkehren zu lassen, die Worte im Mund:

»Ir kleyder auff den wildesten sitten
Zerflambt, zerhawen vnd zerschnitten.
Eins theyls jr schenkel blecken thetten.
Die andern großs weyt hosen hetten.
Die ja bis auff die füßs rhab hiengen
Wie die gehosten dauber giengen.«[120]

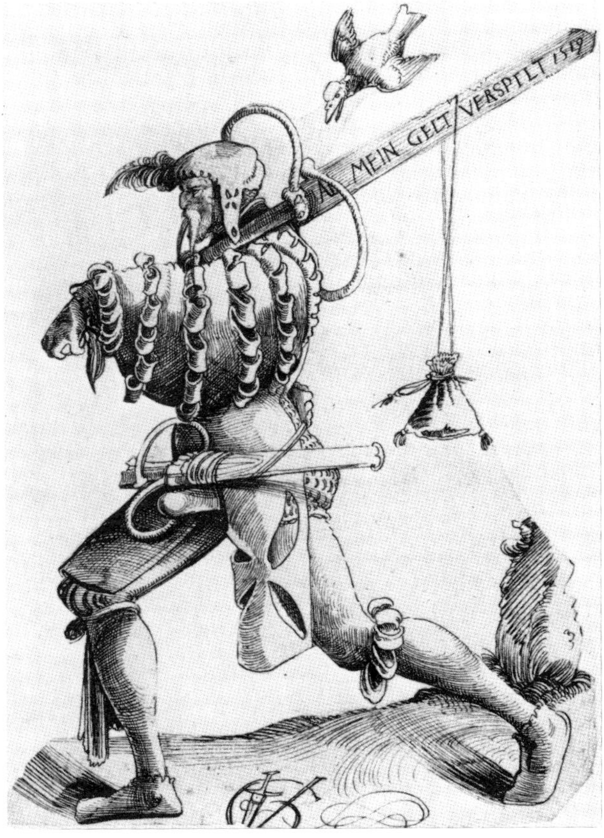


*79 Urs Graf, Heimkehrender Landsknecht, Federzeichnung, 1519*

*80 Tuchmachermeister und Geselle beim Stoffkämmen. Nach einem Gemälde von Hans Schäufelin, 1. Hälfte des 16. Jh.*

# Schamkapseln als Modeerscheinung

D. Gregorius wagner von Resell:
*Reime vom zòtlichten Hosen Teuffel*

Weh denen, wie Jesaja sagt,
Welchn das böse vor gut behagt,
Vnnd das gut als böse achten,
Nach finsterm mehr dann licht trachten.
Wie jtzt thut die jugent gemein,
Die da helt wider recht noch rein.
Was Gott gebeut im höchsten tron,
Dem gehorchen Stern, Sonn vnnd Mon.
All creaturn das jre thun,
Mit lust, lieb, zier vnnd grossem rhum,
Daran nicht gedenckt menschen kindt,
Wird im hellen licht schentlich blindt.
Nicht mehr sich der erbarkeit fleist,
Ihr eusserlichr wandel aus weist.
Wie man sicht an der hosen tracht,
Die der Teuffel hatt her gebracht.
Hosen Teuffel wirdt er genandt,
Deutscher jugent nun woll bekandt.
Wie fewr flammen die schnit flincken.
Als wolt sie zur Hellen sincken,
Mit karteck, Samet und seiden,
Thut sie jre schambd bekleiden.
Eitel iung Teuffel aus kucken,
Wie kefer, bremsen vnnd mucken.
Viel nasen daran seindt gezirt,
Mit mancherlei farben polirt.
Der latz muß auch so geputzt sein,
Als wer sùsser honig sehm drein.
So doch die vorterbte natur
Bedeckt will han diese figur.
Die alten hiltens vor groß schand,
Auff erden woll im gantzen land.

Wenn entblößt wardt des leibes ordt,
Das man weiset kwer vber bordt.
Ziegn peltz war der erstn eltern kleid,
Welchs jnen Gott hatt selbs bereid.
Danach von wollen wardt gemacht.
Die kleidung, damals grosgeacht.
Balt hernach es zur leinwand kam
Fránckscher kittel vberhandt nam.
Zuhand folget der wórmer kot,
Bracht seidenwerck vnnd alln vnflat.
Letzlich mit sylber, edlem gstein,
Mit rodtem goldt, perln gros vnnd klein,
Der kleider pracht wardt hoch geschmuckt,
Da wurdn alle Stende verruckt.[121]

Die Phantasietracht der Landsknechte blieb trotz ihrer Extravaganz keineswegs auf diese Gruppe beschränkt, im Gegenteil: Sie wurde zum Vorbild für die gesamte Männerwelt des 16. Jahrhunderts.

Nachahmer fand sie in höfischen Kreisen, spiegelt sich doch hier die gemeinsame Verwurzelung im Kriegshandwerk – beim verhöflichten Adel als Tradition, beim Landsknecht als Alltag – wider. Beim Adel wurde die Schlitzmode ebenso Standard wie die frappierende Herausstellung des männlichen Gliedes, allein die Stoffülle erreichte nie das Ausmaß der knöchellangen Pluderhosen der Landsknechte. Die Erscheinungsformen der neuen Mode waren äußerst vielfältig. War der Schamkapsel bei der Rüstung noch eine gewisse praktische Funktion zuzusprechen, so diente sie nun ausschließlich dekorativen Zwecken. Die Braguette wurde zu einer solchen Selbstverständlichkeit, daß, nach Rabelais, »dieses Anhängsel der männlichen Kleidung mit der Zeit soweit jeden anstößigen Charakter verlor, um als Tasche zu dienen, in der die Herren ihr Sacktuch und ihre Börse verwahrten, sogar Orangen, die sie vor den Augen der Damen herausholen und diesen anbieten durften.«[122] Ebensowenig anstößig fand man es, wenn bei einer feierlichen Prozession der Träger der Prozessionsfahne die Fahnenstange auf seiner vorstehenden Schamkapsel abstützte.[123]

Die Variationen der Hosenlätze gerieten bei den Hofmännern weit üppiger als bei ihren Vorbildern, den Landsknechten, drückte sich in der Braguette doch nicht nur das Lebensgefühl des Trägers, sondern zugleich auch seine soziale Stellung, sein materieller Hintergrund aus. Die spezielle Ausprägung der Schamkapsel ist zugleich Zeichen des persön-

*Die Harnische wurden der ausladenden Renaissancemode nach Form und Musterung angepaßt. 81 Bildnis Eitel Friedrichs Graf zu Hohenzollern, † 1525. 82 Kostümharnisch mit nachgebildeten Puffärmeln und Schlitzen, um 1525. 83 Landsknecht, vermutlich Hauptmann, in Halbrüstung, 1. Hälfte des 16. Jh.*

lichen Geschmacks, der individuellen Note des Trägers, mit der er sich von seinen Geschlechtsgenossen abhebt.

Höchst variantentreich war die spezifische Formgebung der Braguette: Sie konnte die Gestalt eines ausgestopften, hodenähnlichen Beutels ebenso wie die eines erigierten Penis oder einer krummen Gurke annehmen. Entsprechend vielfältig war die Ausstattung, die Wahl der Stoffe, der Ornamente, Stickereien, wobei am Hof der Vorzug meist helleren Farben gegeben wurde.

Als »große Kleiderhelden« und erfolgreiche Schürzenjäger präsentierten sich der englische König Heinrich VIII. und sein französisches Pendant Franz I. ihren Zeitgenossen. Dem Adel galten sie als leuchtende Vorbilder, denen man nicht nachstehen wollte.[124] Zwar war Heinrich VIII. in seinem frauenverachtenden Wesen (sechs Gemahlinnen, zwei ließ er hinrichten) sicher auch für seine Zeit eine Ausnahmeerscheinung,

83

*84 König Heinrich VIII. von England in einem Prachtgewand mit Schamkapsel. Holbein Schule, um 1540*

*85 Pluderhose mit aus den Schlitzen quellendem Futterstoff und dekorativer Braguette. Theodor Fischer, Kopie nach Crommeng, Bildnis Herzog Ulrichs zu Mecklenburg, 1573*

doch wirft die Möglichkeit eines solchen königlichen Handelns ein bezeichnendes Licht auf den herrschenden Zeitgeist.

Trotz aller höfischen Verfeinerung der Braguette durch kostbare Materialien, aufwendige Schnitte und exklusive Ausstattungen scheint es gerechtfertigt, den adligen Trägern dieser Mode weitgehend dieselben Motive zu unterstellen wie den Landsknechten. Auch am Hof dienen die Modelle überdimensionierter Penisse der Zurschaustellung männlicher Vorherrschaft, symbolisieren männliche Potenz und signalisieren permanente sexuelle Bereitschaft. Durch die explizite Betonung seiner Männlichkeit grenzt sich der höfische Mann entschieden gegen das weibliche Geschlecht ab und lenkt die Aufmerksamkeit auf einen Bereich, in dem sich der Unterschied der Geschlechter am nachdrücklichsten manifestiert. Die Braguette wird Symbol für den Anspruch des Mannes auf Vorherrschaft im sexuellen, aber auch im allgemein-gesellschaftlichen Bereich. Sie ist Indiz für sein (erfolgreiches) Bemühen, das Rollenverhalten der Geschlechter nachdrücklich zu seinen Gunsten zu verändern.

85

*86 Kachel mit einem deutschen Fürstenbildnis, Hafner Keramik, um 1540/50*

*87 Kostüm des Andreas Wild von Wyningen, um 1525*

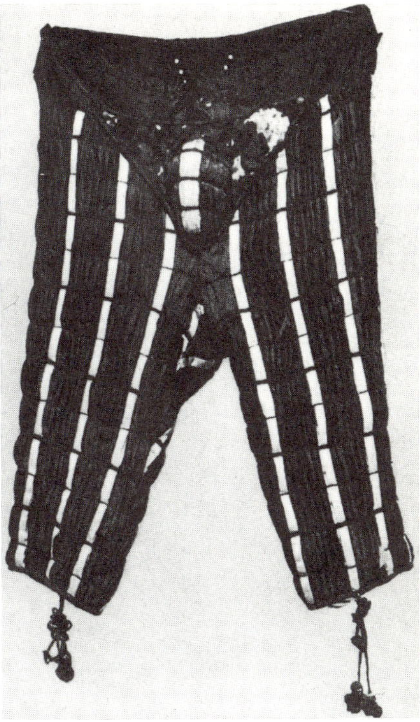

*88 Kniehose aus schwarzem Atlas mit weißem Besatz, um 1550*

Zugleich ist die Schamkapsel Ausdruck einer Gesellschaft, die Fragen der Sexualität noch relativ offen behandelt. Das Modell des männlichen Glieds als Blickfang der Männerhose verstößt nicht gegen das allgemeine sittliche Empfinden der Zeit. Der Mann weist mit der Braguette direkt auf seine Sexualität hin, distanziert sich noch nicht von seinen Körperfunktionen und sexuellen Aktivitäten. Er hebt sein Geschlecht schmückend hervor.

Auch das erstarkende Bürgertum, insbesondere Kaufleute, Handwerker und sogar Bauern imitierten die Tracht der Kriegsleute. Dies verwundert nicht, traten doch Männer aller Stände in die Landsknechtshaufen ein, nicht zuletzt aus Lust am Abenteuer. Die Attraktivität des Landsknechtsberufs schildert Sebastian Frank: »Wenn der Teufel Sold ausschrieb, so fleugt und schneit es zu, wie die Fliegen in dem Sommer, daß sich doch jemand zu Tode verwundern möchte, wo dieser Schwarm nur aller herkam und sich den Winter erhalten hatte.«[125]

Diejenigen, die nicht den Werbern folgten, verliehen ihrer Sehnsucht nach einem ungebundenen, martialischen Leben durch die Über-

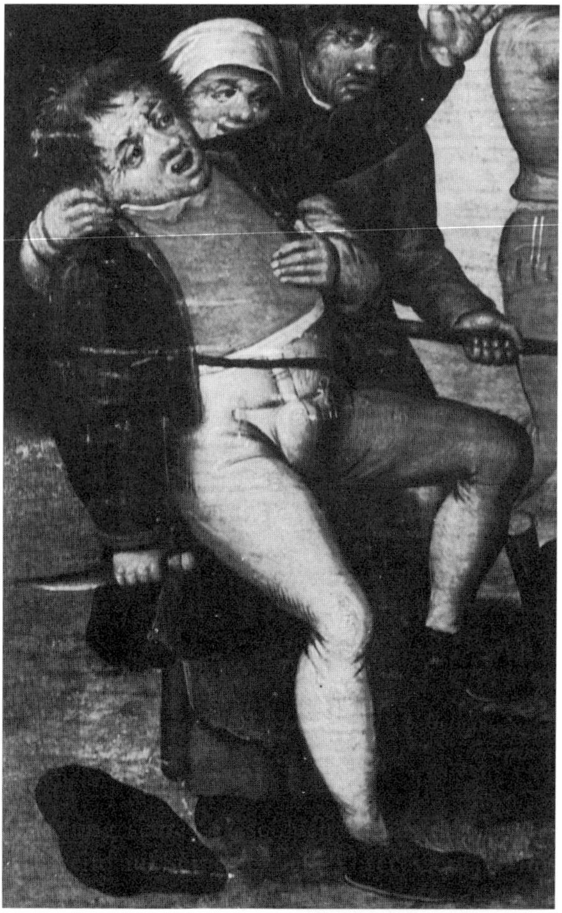

*89 Pieter Brueghel d.J., Schlägerei auf dem Lande (Ausschnitt)*

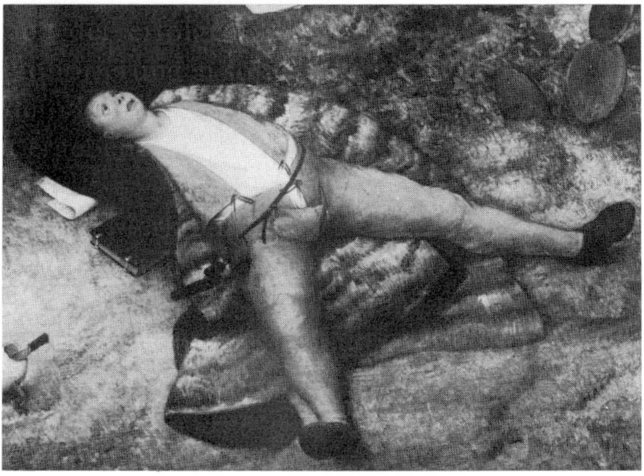

*90 Pieter Brueghel d.Ä., Schlaraffenland (Ausschnitt)*

*Ständische Trachten des 16. Jh. 91 Stadtbürger und Bauer. 92 Holländische Bauerntracht. 93 Fuhrmann. 94 Fähnrich und Trommler aus dem Bauernkrieg.*

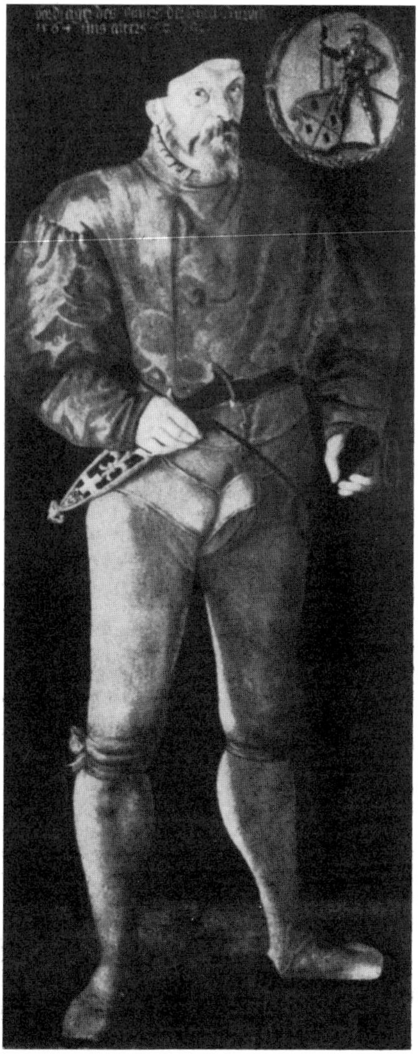

*96 Patrizier in geteilter Tracht und kugelförmig ausgestopfter Schamkapsel. Gemälde von Christoph Amberger, 1525*

*95 Bürgerliche Renaissancetracht. Ausschnitt aus einem Doppelporträt des Züricher Ehepaars Schwytzer von Tobias Stimmer, 1564.*

nahme der Söldnertracht Ausdruck. Kleidung wurde zum Surrogat für nicht erlebte Abenteuer. Gleichzeitig signalisierten die Träger ihrer Umgebung, wo sie sich gesellschaftlich einzuordnen wünschten. Durch die Adaption wesentlicher Teile der Landsknechtstracht betonten Männer ihre aggressiv-kämpferischen Tendenzen. Insbesondere die Jugend versuchte, durch Übernahme der Kriegstracht ihre Umgebung zu provozieren und einzuschüchtern.

In der Renaissance verlieren Ständeschranken an Bedeutung. Dieser Entwicklung analog büßt der Adel seine Vormachtstellung in Fragen der Mode ein. Die Pluderhosenmode ist die erste, die – wenn auch in unterschiedlichen Ausprägungen – von allen Ständen getragen wurde. Max Osborn behauptet, die Pluderhosenmode sei eine »demokratische Mode« gewesen, die sich von unten, von den Landsknechten über Bürger und Studenten ausgebreitet habe, bis sie letztlich auch von adligen Kreisen übernommen worden sei.[126]

Erstmals in der Geschichte ist es nicht die Oberschicht, die in Fragen der Mode tonangebend ist, sondern diejenigen, die der Zeit ihr spezifisches Gepräge geben, die Landsknechte, bilden die Modeavantgarde.

Jakob von Falke[127], ein Kostümgeschichtler des 19. Jahrhunderts, faßt die geschlitzte Mode sogar als Teil der großen reformatorischen Freiheitsbewegungen auf. Er begründet seine Annahme mit der These von der schwerpunktmäßigen Ausbreitung der Pluderhosenmode im deutschen Raum, insbesondere in den Gebieten, die sich der Reformation angeschlossen hatten. Vergleichbares findet sich schon im 16. Jahrhundert bei Andreas Musculus: »... wer lust hette, von wunderswegen, viel mennig solche vnfletige, bùbische vnd vnzùchtige Pluderteuffel zusehen, der such sie nicht vnter dem Bapstum, sondern gehe in die Stet vnd Lender, die jetzunder Lutterisch oder Evangelisch genennt werden, do wird er sie heuffig zu sehen kriegen, bis auff den hòchsten grewel vnd eckel, das jm auch das hertz wird darùber wehthuen, vnd dafùr als fùr dem grewlichsten Meerwunder sich entsetzen vnd erschrecken.«[128]

Festzuhalten bleibt, daß Schlitzmode und Schamkapsel in weiten Kreisen des Bürgertums und der Bauernschaft, insbesondere bei der männlichen Jugend, ihre Anhänger fanden. Sie ist eine alle Stände umfassende Mode, die tendenziell die im Spätmittelalter noch deutlich an der Kleidung ablesbaren Standesunterschiede nivellierte, ein sichtbares Indiz für die gesellschaftlichen Umstrukturierungen.

Zwar versuchen Kleiderordnungen, dieser Tendenz entgegenzutreten, so der Reichstagsbeschluß von 1530, »... damit in iedem Stand unterschiedlich erkantnuß sein mòg«[129], oder die Vorschrift des Augsburger Rats von 1553, »... damit ieder, fúr den oder die, der er oder sy ist, erkennt werden móge.«[130] Durchschlagender Erfolg ist diesen Verordnungen aber trotz erheblicher Strafandrohungen nicht beschieden. Sie müssen immer wieder erneuert und verschärft werden.

Unerwünschter Luxus und die Nivellierung der Standesunterschiede waren das große Thema der Kleiderordnungen, die sich auf alle Schichten und deren gesamte Tracht bezogen. Die Pluderhosen sind je-

ditto ins marggrauen badt zum anndernmal dann im
vnnd alls ich auff 9 agosto widerumb zu augspurg kam. da liess ich
mir. die hieunden gmallte ploderhosen mit eschenfarbem taffet mach
lidrin goller. vnnd die schuech auch die kappen bracht ich mit mir
vonn venedig. mein thuen was dismals, das ich
gelernet Rechnen, gueng alsdann in der herrn fugger Schreibstuben
ob ich was zuethuen oder zueschreiben hett.

97

*97-100 Blätter aus den Kleiderbüchern des Augsburger Patriziers Matthäus Schwarz und seines Sohnes Veit Konrad Schwarz*

*Bildumschrift links: »Als ich auff 20 Junius 1557 gen augspurg kam, zoch ich darnach auff 29 ditto ins marggrauen Badt. Zum anndern mal, dann im 1553 auch da was, vnnd alls ich auff 9 agosto widerumb y augspurg kam, Da lueß ich ietz mir die hieunden gmallte bloderhosen mit eschenfarbem taffet machn. Das Liderin goller, vnnd die schuech auch die ... bracht ich mit mire vonn venedig ..., mein thuen was dißmals, das ich von onoffrius Löffler hab Lernet Rechnen, gueng alsdann in der Herrn Fugger Schreibstuben, such ob ich was zuethuen oder zueschreiben hett/ Meines alters 15 jar vnnd in den 10. Monatt*

doch die einzigen Kleidungsstücke der Zeit, die nachdrücklich auch aus sittlichen Gründen verfolgt wurden.

Wortführer gegen die Mode der Pluderhosen war der Theologieprofessor und brandenburgische Generalsuperintendent Andreas Musculus aus Frankfurt an der Oder. In seinen Augen war die Mode, die er bekämpfte, mehr als eine Äußerlichkeit, sie war ihm Ausdruck einer bedenklichen inneren Haltung – ein Problem weniger der Sitte als der Sittlichkeit.[131] Wortgewaltig verdammt er mit den neuen Hosen auch ihre Träger: »An deinen vnzùchtigen, vnmenschlichen, zufladerten, lumpen hosen, siehet und spùret man wol, ob der Geist Gottes, oder der geist des bòsen , der vnzucht vnd vnreinigkeit in dir wone, An deinen federn, zulapten hosen, kennet man dich, was du fùr ein leichtfertiger, bùbischer vnd vnzùchtiger mensch seiest, Das sein die lappen, die dir zun hosen raus hengen bis auff die fùß, also sol man sie nennen vnd tauffen.«[132]

In seiner weit verbreiteten Schrift »Vom zuluderten zucht vnd ehr erwegnen, Pluderichten Hosen Teuffel, vormanung vnd warnung« von 1555 führt er acht Sünden wider das Tragen der Pluderhosen an. Er wünscht das männliche Geschlecht sittsam bedeckt, damit nicht »... fleisch vnd bluth, welches in bòsen lùsten vnd begirden, gantz vnd gar entzùndet, nit mehr vnd ferner durch entplòssung, geergert vnd angereitzet werde.«[133] Auch Adam habe nach dem Sündenfall zwecks Zügelung seiner Triebe seine Blöße bedeckt gehalten, denn »bald nach dem falle, mercket und fùlet er solche brunst, vnd seiner natur vorterbung, hùllet deswegen vnd decket zu, das er nit durch entblòssung, solche bòse begierde erger mache vnd mehr entzùnde.«[134] Und an anderer Stelle: »Darumb kan auch jederman leichtlich vrteilen vnd erkennen, was fùr ein boßhafftiger vnd unvorschampter Teuffel, jetzunder die jungen leut regiert, die so vorgeßlich mit kurtzen ròcken, die nit recht die nestel erreichen, vnd mit hellischen flammen dasentplòsen, vnd jederman so vnverschempt, das fùr die augen stellen, zum ergernis vnd anreitzung bòser begird vnd lùste, das auch die natur bedeckt vnd verborgen haben will.«[135]

Nicht zuletzt macht sich Musculus Sorgen über die Wirkung der unzüchtigen Männerkleidung auf Frauen und Jungfrauen. »Hiemit aber wòllen wir zum dritten mal zubedencken geben, vnd die Pluderichen hosen vnseren jungen leuten fùr die nas halten, das sie sich wol darinne spiegeln, vnd sehen, wie sie so gantz vorgeßlich an Gott vnd an jrer Tauff, meineydig vnnd zu Buben werden, inn dem, das sie nicht allein solche bòse lùste im hertzen tragen, sondern was sie im hertzen haben,

Vom Hosen Teuffel.

ANNO M.D.LV.

101 *Titelblatt der Streitschrift des kurmärkischen Generalsuperintendenten und Professors der Theologie in Frankfurt/Oder Andreas Musculus von 1555*

*102-106 Blätter aus Jost Ammans Ständebuch, um 1568*

auch eusserlich mit der kleidung, Gott zu wieder, vnd dem nechsten zur ergernis, erweisen, vnd jederman fùr die augen stellen, Dann liber sag mir, wo zu dienet es sonst? Warumb wirt es angefangen? Aus was anderer vrsach geschicht es? Das jn vnsere junge gesellen lassen so kurtzeròck und mentel machen, die nit die nestel, geschweig dann den latz bedecken, vnd die hosen so zu ludern lassen, den latz forn also mit hellischen Flammen vnd lumpen, vnmenschlich vnd groß machen, die teuffel auff allen seitten lassen also raus gucken, dann allein zum ergernis vnd

**Der Schneider.**

Ich bin ein Schneider/mach ins Feld/
Den KriegesFürsten jre Zelt/
Mach Reñdeck zu Stechn vnd Thurnier/
Auff Welsch vnd Frantzösisch Manier/
Kleid ich sie gantz höfflicher art/
Jr Hofgsind vnd die Frawen zart/
Kleid ich jn Sammet Seiden rein/
Vnd in wullen Thuch die Gemein.

*106*

bòser anreitzung, der armen vnwissenden vnd unschùldigen meidlein, welche was sie für gedancken not halben vnd vnwiederstreblich fassen vnd haben mùssen, nach dem du jn also fùr die augen tritest, geb ich dir selber zubedenken, du weist es auch und thust es darumb ... , Das soltu aber darneben auch wissen, das dir vil besser were, nach der ernsten trewung vnd warnung Christi, das du nie geboren werest, oder dir ein mùlstein am hals hing, vnd legest im meer da es am tiffesten ist, mit deinen teufflischen lumpichten hosen, damit du so freuenlich vnd bùbisch, die jungen vnschùldigen meidlein, jungfrawen, vnd frawen ergerst, vnd zum bòsen anreitzest, ... Gott geb das du dich erkennest vnd ablassest, Ist aber alle trewevormanung an dir vorloren, wolan so far fort hin, was den raben gehòrt, das erseuffet nicht.«[136]

Am Ende spielt auch noch der sündige Luxus eine Rolle, wenn Musculus gegen den Geldaufwand zu Felde zieht, die »... unkost, das jetzunder ein junger rotzlòffel, ehe er noch das gele vom schnabel gar abwùschet, mehr gelds zu einem par hosen haben mus, als sein vater zum hochtzeit kleid ...«[137]

Die große Nachfrage nach zerhauenen und zerhackten Stoffen ließ Manufakturen entstehen, die das Gewünschte serienmäßig herstellten. Mit Eisen eingebrannt, in Mustern angeordnet, manchmal schon beim Webvorgang mit Schlitzen versehen, gab es Mitte des 16. Jahrhunderts eine große Vielfalt von präparierten Stoffen, die es jedem, der über die Mittel verfügte, ermöglichte, der Mode zu folgen. Die Herstellung der Hosen oblag den Schneidern, deren Handwerk aufgrund des weithin üblich gewordenen Kleideraufwandes einen starken Aufschwung erlebte.

## Die Heerpauke des Spanischen Hofes

Mit dem Erstarken des spanischen Königshauses zum neuen Machtzentrum des christlichen Abendlandes – eine Entwicklung, die im wesentlichen auf die Geldströme der gewinnträchtigen Entdeckungsfahrten und, im Inneren, auf die Herausbildung des Absolutismus zurückzuführen ist – gewann die spanische Tracht auch im europäischen Ausland zunehmend an Bedeutung.

Spanien stand auf der Seite der Gegenreformation. Die Heilige Inquisition hatte Hochkonjunktur, Freiheit und Freizügigkeit wurden Adel und Bürgertum gleichermaßen beschnitten. Beherrschung von Leidenschaften, Gemessenheit und Unterwerfung unter staatliche und kirchliche Autoritäten waren angezeigt.

*107 Hofmode der Spanischen Niederlande, 1577*

Dem Geist der Gegenreformation entsprach eine strenge, in düsteren Farben gehaltene Tracht. Die bunte, lockere, lebensfroh-weltliche Individualmode der Renaissance wurde seit den zwanziger Jahren des 16. Jahrhunderts zurückgedrängt und durch die spanische Mode ersetzt. Es ist interessant, die Veränderungen in den Kleidermoden der europäischen Höfe zu verfolgen, können sie doch als Maßstab für den wachsenden Einfluß des Spanischen Hofes genommen werden:

Kurz nach der Krönung Karls V. zum Kaiser des Heiligen Römischen Reichs Deutscher Nation im Jahre 1519 begannen der Wiener Hof und einige katholische Fürsten des süddeutschen Raums, sich der Tracht der Gegenreformation gemäß zu kleiden. Der Augsburger Matthäus Schwarz, Vater des Veit Konrad Schwarz, führt in seinem persönlichen Trachtenbuch schon 1525 ein Kostüm »auf hispanisch« an.[138] In den dreißiger Jahren des 16. Jahrhunderts trifft man bereits an vielen Höfen, vereinzelt auch bei Bürgern auf die neue Mode, die um 1550 ihre größte Verbreitung findet und erst 70 Jahre später endgültig ausklingt. Allerdings lassen sich um die Jahrhundertmitte noch zahlreiche, meist

*109 Hans Bock d.Ä., Bildnis des Baseler Ratsherrn Melchior Hornlocher, 1577*

*108 Lucas Cranach d.J., Kurfürst August von Sachsen, 1564*

protestantische Adlige in bunten, stark geschlitzten Pluderhosen darstellen. Auch eigenwillige Variationen der Spanischen Hose, beispielsweise die locker fallenden Beinkleider des Kurfürsten August von Sachsen, sind zu dieser Zeit anzutreffen.

Kaiser Karl V. trug zu Beginn seiner Regierungszeit ebenfalls sowohl deutsche als auch spanische Tracht. Er, der sich eher durch einen gemäßigten Kleideraufwand auszeichnete, ließ sich in jungen Jahren in einem besonders delikaten Hosenmodell darstellen. Dieses Beinkleid ist in hellen Farben gehalten und nur leicht wattiert, durch seine Enge und die waagerechten Einschnürungen wirkt es jedoch sehr gespannt. Alles dominierender Blickpunkt des Kostüms ist die aus Atlasseide gefertigte und mit feiner Perlenstickerei geschmückte Schamkapsel, die in ihrer

*110 Tizian, Kaiser Karl V., 1532*

Ausprägung eher dem weiblichen als dem männlichen Geschlechtsteil ähnelt.

Unter Philipp II. etablierte sich ein strenges, stark formalisiertes Hofzeremoniell, gegen das sich das seines Vaters fast freizügig ausnimmt: »Die Justitia hat er ohne ansehung der Person administrirt vnd seines einigen eygenen Sohns Carl nit verschont, vnd das Urthel vber jhn ergehen: vnd ihn gefangen nemmen lassen, wie er dann auch in der Gefäncknus gestorben, Sein Hoffhaltung war ein wolgerichte Uhr, vnd mit den Augen vnd anblick wusten seine Diener, waß er haben wolt: Die Stunden hat er ordentlichgehalten, darnach sich der gantze Hoff gericht: In Essen vnd Trincken war er messig, vnd kleidte sich sauber vnd gravitetisch ...«[139]

Die von ihm zur ausschließlichen Norm erhobene spanische Tracht strahlte Unnahbarkeit, Düsternis und Kälte aus. Zwar ist auch jetzt noch die Braguette besonders geschmückt, in ihrer Formalisiertheit erscheint sie allerdings eher wie ein befremdliches Relikt früherer Mode, von dem man sich noch nicht endgültig lossagen wollte.

Ähnlich düster, mit einer Schamkapsel, die durch ihre helle Farbe und starke Ausprägung deutlich das Kleid kontrastiert, präsentiert sich um die selbe Zeit ein italienischer Edelmann. Ganz anders stellt sich Kurfürst Moritz von Sachsen dar, der sichtlich lockerere Kleidung be-

*111 Nicolò dell' Abate, Ritter des Santiago-Ordens*

*112 Kostüm des Kurfürsten Moritz von Sachsen mit gelben Lederstrumpfhosen, um 1550*

*113 Francois Clouet, Jugendbildnis Karls IX. von Frankreich, um 1560*

*114 Jacob Seisenegger, Vratislav v. Pernštein, 1558*

vorzugte. Ein aus gelbschwarz gestreifter Seide geschneidertes Kostüm aus der zweiten Hälfte des 16. Jahrhunderts bewahrt die Sammlung des Historischen Museums Dresden auf. Als überdimensional erigiertes Glied ausgebildet wird die Braguette vom Mantelüberwurf selbst beim Schließen desselben kaum verhüllt.

Ein Bildnis Karls IX. aus dem Jahr 1569 zeigt, daß auch in Frankreich der spanischen Mode gehuldigt wurde. Auch in Böhmen fand sie ihre Nachahmer: 1558 läßt sich Vratislav v. Pernŝteyn in einem schweren, den Körper eng umspannenden Kostüm aus schwarzweiß gemustertem Brokatstoff malen. Die stark ornamentierte Braguette fügt sich unmittelbar in die äußerst streng anmutende Gesamtkomposition ein.

Die Spanische Tracht bleibt eine Mode des Adels, im Stammland wie in den Ländern, die sie übernehmen. Das Bürgertum, geschwächt durch wirtschaftliche Stagnation, verliert zunehmend an Macht, die absolutistische Souveränität erstarkt. Die Höfe entfalten einen immer glanzvolleren Kleiderluxus, die Bürger behalten ihre alte Tracht weitgehend bei. Erst spät wird die spanische Mode von Teilen des Bürgertums, beispielsweise reichen Kaufleuten, übernommen, während Handwerker und Bauern etwa in Jost Ammans Ständebuch von 1568 fast ausschließlich in Pluderhosen abgebildet sind. Auch in Tobias Stimmers Darstel-

*115 Agnolo di Cosimo, gen. Bronzino, Bildnis des Guidobaldo della Rovere. Unter dem schwarzgoldenen Prunkharnisch trägt der Adlige eine hellrote, ornamentierte Hose mit gleichfarbiger schneckenförmiger Braguette*

*116 Prunkharnisch, Halskrause und Hose nach spanischer Mode. Gysbrecht van Veen, Erzherzog Albrecht*

*117 Zacharias Wehme, Porträt Christians II., Kurfürst von Sachsen im Peffenhauer-Harnisch und stark wattiertem Beinkleid*

lung deutscher Stände aus der zweiten Hälfte des 16. Jahrhunderts sind allein der Archidux, der Barc und der Mercator in Spanischer Tracht zu finden.[140]

Düstere Farbgebung und panzerartige Erstarrung sind die wesentlichen Charakteristika der spanischen Hofmode. Fast könnte man von einer Hofuniform sprechen, denn für Reisen und Feste wurde häufig der gesamte Hofstaat mit Kleidern aus gleichem Stoff und Schnitt versehen.[141] Eine Zeit moralischer Strenge wählt Schwarz zum vorherrschenden Farbton.[142] Da Individualität nicht mehr opportun war, verzichtete die spanische Hofkleidung auf jede persönliche Note. Der menschliche Körper wird formalisiert, in künstliche Formen gezwängt, geometrischen Prinzipien untergeordnet. Er verliert seine natürliche Einmaligkeit und erstarrt in genormter Korsettierung – das Fischbein-Korsett wird auch für Hofmänner ein durchaus übliches Kleidungsstück.[143] Regelmäßiger Bestandteil des Staatsornats wird, trotz seiner Schwere und Starrheit, der Prunkharnisch. In ihm wird das Ziel, einen »glänzenden Eindruck« zu vermitteln, überdeutlich. Als Körperpanzer par exzellence signalisiert er das Bemühen um Unnahbarkeit und Gravität.

Oberflächlich betrachtet scheint die streng stilisierte, körperfeindliche Heerpauke keine Gemeinsamkeit mit der vorangegangenen farbenprächtig-lockeren Pluderhose der Renaissance zu haben; dennoch ist ein direkter Zusammenhang nicht zu übersehen: Die Pluderhose bestand in ihrer Extremform nur noch aus Stoffstreifen, die am Bund und am unteren Beinabschluß fixiert waren, ansonsten aber lose herabhingen. Die eigentliche Hose war die Unterhose, deren Futterstoff üppig hervorquoll. An diesen losen Falten, die keine klare Ordnung bildeten, nahm man Anstoß – die restaurative, gegenreformatorische Epoche verpaßte der phantastischen Hose der Freigeister eine starre, geordnete Form.

Zwei Modelle kamen zur Anwendung: Sollte die Oberhose eine kugelige, feste Form annehmen, ließ man die Streifen am oberen Rand der Hose überlappen, damit sie im erweiterten Teil noch immer dicht aneinandergrenzten. Diese exakte, geometrisch auf den Mittelpunkt gerichtete Streifenbildung zielt

*118 Antonio Mor, Kaiser Maximilian II., 1550*

*119 Nicolas de Neufchatel, Bildnis des Nürnberger Feldhauptmanns Hieronimus Koler*

*120 Alonso Sánchez Coello, Erzherzog Rudolf, 1567*

auf die strenge, auf den Souverän zentrierte Etikette des Spanischen Hofes, wird zum Abbild absolutistischer Strukturen.

In der zweiten Variante anvanciert die Futterhose zum eigentlichen Bekleidungsstück. Die wenigen, über die Hose gespannten Streifen (Oberhose) dienen nur der zusätzlichen Dekoration und zur Stabilisierung. Mit der Innenseite lag die Futterhose eng am Bein an, an ihrer Außenseite war sie etwas länger und der Weite der »Oberhose« entsprechend geschnitten. Ausgestopft wurde sie mit ordinärem Zeug wie Werg, Roßhaar oder Kleie, wodurch die Heerpauke ihre charakteristisch pralle Form erhielt. Für die Futterhose verwendete man leichte Stoffe, mit Vorliebe feine Seide, während die Streifen der Oberhose aus festem Material wie Samt, Tuch oder Brokatborte gefertigt wurden.

Um die Jahrhundertmitte trug man die Hosen so kurz, daß sie nicht einmal den halben Oberschenkel bedeckten. Die fast bis zu den Hüften entblößten männlichen Beine steckten in feinen, hautengen gestrickten Strümpfen, vermutlich ebenfalls eine Schöpfung Spaniens.[144] Von dieser Zurschaustellung der Beine geht allerdings kaum eine erotische Ausstrahlung aus. Sie wirken als Teil einer Gesamtkomposition, die den menschlichen Körper auf groteske Weise stilisiert, ausgesprochen gestelzt.

Bis 1560 war es allgemein üblich, die männlichen Beinkleider mit einer prall ausgestopften Schamkapsel zu versehen, die als dekoratives Element an der Oberhose befestigt wurde. Das scheinbare Paradox zwi-

*121 Alonso Sánchez Coello, Erzherzog Wenzel, 1571*

*122 Alonso Sánchez Coello, Infant Don Carlos, um 1556*

schen »verhüllender« Heerpauke und oft deutlich dominierender Braguette löst sich genauer besehen in durchaus Zusammengehöriges auf: Die Heerpauke als Bestandteil der Uniformierung des Spanischen Hofes spiegelt in ihrer Erstarrung die sexualfeindliche, jede individuelle Regung unterdrückende Einstellung des spanischen Absolutismus wider. Die Braguette ordnet sich diesem Prinzip unter, wird zum formalisierten Bestandteil der Tracht. In diesem Kontext wirkt sie eher unerotisch-aggressiv denn stimulierend. Sie bleibt Relikt bisher üblicher Mode und behält ihre Funktion als Zeichen männlicher Vorherrschaft. So gesehen steht sie zum Geist der Gegenreformation kaum im Widerspruch, auch wenn uns heute spezielle Ausformungen wegen ihrer Direktheit frappieren.

An der Heerpauke läßt sich die ambivalente Haltung der Zeit zur Sexualität ablesen. Die starke Auspolsterung legt sich wie ein Schutzwall um die männliche Lende, gliedert den Körper in zwei unförmige Kugeln, enterotisiert. Gleichzeitig zentriert sie jedoch den Blick auf Hüften und Lenden.

Die Verpackung des männlichen Geschlechts in Form einer deutlichen Hervorhebung desselben kann nicht zuletzt als Reaktion auf die zunehmende Unterdrückung und Reglementierung des Sexualtriebs verstanden werden. Die Braguette wäre somit Erinnerung an Formen direkter Bedürfnisbefriedigung in einer Zeit, die deutlich engere Grenzen setzt. Die pralle Auspolsterung, das Abbild des versteiften Glieds

*123 Alonso Sánchez Coello, Erzherzog Wenzel*

*Spätformen der strengen, körperstilisierenden spanischen Hofmode ohne die bislang übliche Braguette*

*124 Robert Peake, Henry Prince of Wales, um 1610*

*125 Isaac Oliver, Richard Sackville, Dritter Earl of Dorset, 1616*

*126 A. van Blijenberch (zugeschrieben), Jugendbildnis Karls I. von England, um 1615*

gibt dem Mann etwas »Strotzendes«, weckt Assoziationen, die sich sogleich wieder der Prüderie des Hofes unterordnen. Es bleibt der gravitätisch-steife Gang, die würdevoll-gemessene Haltung, die körperliche Abstraktion.

Mit der Wende zum 17. Jahrhundert verschwanden die Schamkapseln. Assoziationen zwischen Braguette, formalisiertem Penismodell und Sexualität waren zu offensichtlich und somit am Spanischen Hof nicht länger tolerierbar. Die schamkapselfreie, jegliches geschlechtliches Moment negierende spanische Hose wurde in konservativen Kreisen – insbesondere in Spanien und am deutschen Kaiserhof – bis 1620 getragen, eine erstaunliche Tatsache, wenn man bedenkt, daß Spanien seine politische Führungsrolle zu dieser Zeit längst eingebüßt hatte. Erst mit den Soldatenmoden des Dreißigjährigen Krieges sollte wieder eine lebendig-kämpferische Komponente den Stil der Hosen prägen.

*127 Diego Velazquez, Bildnis Philipps IV., um 1633.*

# Vom Gänsebauch, der Kofferhose und anderen Kuriositäten

War die höfische Männermode der zweiten Hälfte des 16. Jahrhunderts im wesentlichen von der spanischen Hofmode dominiert, so formten sich, insbesondere als Gegenbewegung zu der düsteren Farbgebung an verschiedenen europäischen Höfen bemerkenswerte Sonderentwicklungen aus.

In Frankreich galt Heinrich III., seit 1574 König, als ausgesprochener Modenarr. Ihm wird die Kreation des »Gänsebauchs« zugeschrieben, vermutlich kommt ihm aber nur der maßgebliche Anteil an ihrer Verbreitung zu.[145] Der Gänsebauch, eine ausgeprägte Spitze, durch die das Wams bis zum Schenkelansatz verlängert wurde, bedeckte, prall ausgestopft, genau den Bereich der Hose, der bislang von der Schamkapsel eingenommen wurde. Die Braguette war für Heinrich III. als Zeichen demonstrativer Männlichkeit kaum akzeptabel, denn er liebte es, in Frauenkleidern aufzutreten und sich mit hermaphroditischen Jünglingen zu umgeben. Der Gänsebauch, den er mit seinen Mignons zur Mode erhob, hatte offensichtlich die Funktion, das männliche Geschlecht zu kaschieren und optisch dem Frauenkörper anzunähern, eine Intention, die sich auch in der Wahl der Farben ausdrückt. Zarte Pastelltöne waren an seinem Hof en vogue, Farben wie Lichtgrün, Hellblau und Weiß gaben seinen Festen ein heiteres, leichtes Gepräge. Die Höflinge Heinrichs III. liebten heikle Farbkombinationen und sensible Nuancierungen – für Männer am Spanischen Hof eine unvorstellbare Verletzung der Etikette.

Die Varianten der Beinkleider Heinrichs III. und seiner Mignons reichten von engen, das Knie bedeckenden Hosen bis zu extrem knappen Oberschenkelhosen, die die Bezeichnung »Hosen« kaum mehr verdienen. Bei dieser Mode kam den Strümpfen eine herausragende Bedeutung zu, ihrer Qualität und Ausstattung wurde größte Aufmerksamkeit geschenkt.[146] Die kapriziöse Kleidung der Höflinge fand ihre Entsprechung im Hofzeremo-

*128 Hofmann unter Heinrich III. von Frankreich*

*129 Unbekannter Maler, Ball am Hofe Heinrichs III. (Ausschnitt)*

niell, das von den androgynen Vorlieben des Königs geprägt war. Mützel umreißt das Hofgebaren unter Heinrich III. mit den Worten: »Sie trippelten und tänzelten beim Gehen, wie es jetzt nur noch ganz altmodische Koketten tun. So trugen die berufsmäßigen ›Lieblinge‹ des Königs ihre Perversität zur Schau – aber jeder äffte sie nach und gab sich so frivol und lasterhaft wie möglich, das gehörte zum guten Ton zur Zeit der Hugenottenkriege ...«[147] Und Agrippa d'Aubigné meint, man sei bei Heinrich III. immer im Zweifel gewesen, ob man einen König als Frau oder einen Mann als Königin vor sich gehabt habe.[148]

*130 Ballspieler, Frankreich um 1580*

Nichtsdestotrotz fand diese kuriose Tracht in der europäischen Männerwelt begeisterte Nachahmer. Manche Adlige kombinierten den Gänsebauch oder »Magenbuckel« mit der Braguette und verliehen sich damit eine besonders kraftstrotzende Note. Ein »Historisch-literarisches Anekdoten- und Exempelbuch« weiß zu berichten: »Unter dem Könige Franz dem Zweiten von Frankreich (1559) kam eine sonderbare Mode bei den Männern auf. Sie fanden, daß persönliche Verdienste

*131 Anonym, Sir Philipp Sidney, 1577. Der Adlige trägt eine Kombination aus Heerpauke, Gänsebauch und Braguette.*

*132 Gänsebauch. Stich von Heinrich Goltzius, 1587*

*133 Gänsebauch oder »Magenbuckel«. Stich von Heinrich Goltzius, 1587*

*134 Alonso Sánchez Coello, Philipp II., 1566*

*135 Anonym, Sir Robert Dudley, in spanischer Tracht mit Gänsebauch*

durch einen dicken Bauch unendlich gehoben wurden. Leute, die nicht durch innerliche Wege sich dieses Embonpoint, und dadurch den Anspruch auf Achtung, verschaffen konnten, versuchten von außen zu supplieren. Man machte falsche Bäuche, und der Schneider mußte die leere Küche ersetzen.«[149]

Die praktische Verwendbarkeit dieses Auswuchses scheint recht vielfältig gewesen zu sein. Soldaten folgten der Mode und schnallten sich Bauchpolster wie Schutzpanzer vor den Leib. So wurde der Gänsebauch zu einem eigenständigen Kleidungsstück und konnte gleichzeitig als eine Art Kugelfang dienen.[150] Kiener sieht folgerichtig für diese Mode alle Kriterien einer Kriegstracht erfüllt: »Ein solcher ›Spitzbauch‹ erinnert zugleich an einen Schiffsbug und vermittelt dadurch den Eindruck des Nach-vorn-Drängenden, weshalb diese Form auch der Harnisch übernahm.«[151] Ein Bild von 1566 zeigt Philipp II. in einem solchen Prunkharnisch, auch Don Juan d'Austria wird 1572 in einem Prunkharnisch mit spitzer Bauchdeformation portraitiert. Sein Metallpanzer ist derart schneidig ausgeformt, daß der Eindruck entsteht, der Körper selbst solle zur Waffe werden.

In England kam als eigenständige Variation der Grundform der spanischen Hose, die seit dem Regierungsantritt Königin Elisabeths I.

*136 Alonso Sánchez Coello, Don Juan d'Austria, 1572*

*137 Kofferhosenmode. Anonymer Stich, England um 1575*

im Jahre 1558 auch auf den britischen Inseln Einzug gehalten hatte, eine gewaltig überdimensionierte Abwandlung auf. Der Zeitgenosse Loryate konnte selbstbewußt behaupten: »Wir tragen so phantastische Schnitte, wie kein anderes Volk der Welt, ausgenommen die Franzosen.«[152]

Genauer betrachtet zeichnete sich die Kofferhose, wie man die englische Variante der spanischen Heerpauke nannte, weniger durch ihren phantastischen Schnitt als durch ihr ungeheures Volumen aus, das im Wortsinn den Rahmen sprengte. Die Auspolsterung des männlichen Beinkleids hatte solche Dimensionen erreicht, daß unter Elisabeth I. die Sitze im Parlament verbreitert werden mußten.[153]

In dieser Modekuriosität kommt in besonders drastischer Weise eine der wesentlichen Funktionen von Kleidung zum Ausdruck: ihre Bedeutung als Prunk- und Imponiergewand. Der Mann in Kofferhose signalisierte Anspruch auf Raum und Distanz. Nähe wurde durch Ausmaß und Steifheit des Kleidungsstücks verunmöglicht, war unerwünscht.

*138 Anonym. Robert Dudley, Earl of Leicester, um 1588*

*139 Isaac Oliver, Die drei Brüder Browne und ihr Diener, 1598 (Ausschnitt)*

Ob dem Versuch, sich durch Ausweitung der Kleidergrenze Bedeutungszuwachs zu sichern, viel Erfolg beschieden war, oder die Übertreibung ins Groteske die Bemühung um Seriosität konterkarierte, sei dahingestellt. Jedenfalls war der Kofferhosenmode keine lange Dauer beschieden. Sie soll sogar eine Gegenbewegung provoziert haben, die sich vehement gegen das Tragen solcher »Unmäßigkeiten« aussprach.[154]

Um 1588 läßt sich Robert Dudley, Earl of Leicester, in einer farbig gemusterten Kniehose porträtieren. Gänsebauch und schmales Hüftpolster wirken nun schon wie Relikte einer überholten Mode. Noch 1598 zeigt ein Bild die Brüder Browne in pumphosenähnlichen Gebilden, die erst beim Schenkelansatz in glatte, enge Kniehosen übergehen. Ein Wulst aus gerafftem, schwarzglänzendem Stoff legt sich wie ein Röckchen um ihre Hüften.

*140 Deutsche Variante der spanischen Mode. Der Futterstoff gerät zur eigentlichen Hose, der Latz besteht aus breiten Bandschleifen, um 1580.* *141 Schlumperhose. Willem Buyte Wech, Gesellschaft im Freien, um 1616/17 (Ausschnitt)*

Auch in Italien, England, Frankreich und Deutschland finden sich um die Wende zum 17. Jahrhundert noch Variationen der spanischen Hose. Während in Italien und Frankreich versucht wird, Altes mit Neuem zu verbinden, indem mäßig weite Kniehosen mit Pumphosenfragmenten kombiniert werden, neigt man in Deutschland dazu, die Wattierung der Spanischen Hose wegzulassen. Die Heerpauke verwandelt sich in eine »Schlumperhose«.[155]

*142 Grünes Samtkostüm des Herzogs Moritz von Sachsen-Lauenburg, um 1600 (Museum Hannover). 143 Kostüm des Herzogs Philipp Ludwig von Pfalz-Neuburg, † 1614, aus der Lauinger Fürstengruft (Nationalmuseum München) 144 Kostüm des Junkers von Bodegg, um 1620 (Schweizer Landesmuseum, Zürich)*

Nach 1635 hatte sich die neue Hosenmode der mäßigweiten Kniehosen ohne Braguette und Wattierung weitgehend durchgesetzt. Die mitteleuropäische Männerwelt hatte sich von unförmig weiten, gepolsterten Beinkleidern endgültig losgesagt.

# Der Pfau wird Grau

## Soldatenmoden im Dreißigjährigen Krieg

*145 Fenster Auswerffung zu Prag (1618). Anonymer Stich*

»Nach deme nun den anwesenden Herren und Ständen ein gemeiner Schluß gemacht worden / haben sie folgenden Mittwoch als dé 23. Maji / jeder mit einem bey sich habenden Knecht / mit ihrem Gewehr unnd Pistolen versehen / alle zu Pferdt / sich in das Schloß begeben / und bey den Königlichen Land-Officieren ihre Beschwerden vorgebracht / und derselben Abschaffung begehret. Als nun der Obriste Burggraf Adam von Sternberg / neben Herrn Popeln / Creutzherrn und Priorn bey unser lieben Frauen / auf solches Begehren sich ziemlich accomodirt: Hergegen aber der Obriste Landrichter / Wilhelm Slabata von Chlum und Kosthumburg / Herr zu Neuhauß / und der Graff von Martmitz Schmetsanßky mit selbigen nicht einstimmen wollen / sondern sich den Ständen gar hart erzeiget,haben selbige vorige zween Herrn beyseits geruffen / und unterdessen besagten Slabata und Schmersanßky / beneben dem Secretario M. Philippo Fabricio, aus der Cantzeley durchs Fenster hinab in den Graben in Mänteln und Degen / und wie sie gangen unnd gestanden / gestürtzet. Weil sie aber zu ihrem grossen Glück auff einen Haufen Kerichts gefallen / ist ihnen an dem Leben / wiewohl es bey viertzig Ehlen hoch hinunter gewesen / kein Schaden geschehen / und ob wohl auch von den anderen / nach dem sie vermercket/ daß sie noch in dem Leben / etliche Pistolen=Schüß nach ihnen geschehen / sind sie doch nicht getroffen worden / und haben sie sich dessen verkrochen / also der Gefahr entrunnen.«[156]

Der Prager Fenstersturz, von dem der Zeitgenosse M. Johannes Philippus Abelinus so anschaulich zu berichten weiß, war der Auftakt der Kriegswirren, die dreißig Jahre lang den europäischen Kontinent erschüttern sollten. Zunächst angelegt wie ein neuerlicher Religionskrieg, handelte es sich letztlich um einen Kampf um die Vorherrschaft, um die Neuordnung der Machtverteilung zwischen Kaiser und Fürsten.[157] Drei Jahrzehnte lang bestimmte das Kriegsgeschehen den Alltag der europäischen Bevölkerung, waren die Menschen von Hunger und Angst beherrscht, verrohten die Sitten und standen Grausamkeiten auf der Tagesordnung.

Die Zeit des Dreißigjährigen Kriegs war geprägt vom Soldatentum, die Mode der Epoche eine Soldatenmode. Es gab keinen tonangebenden Hof: In Wien und Madrid trifft man noch immer auf Höflinge in Spanischer Tracht, an den übrigen Höfen herrscht modische Anarchie. Das häufig wechselnde Kriegsglück ließ zunächst die Frage des Siegers offen, folglich war auch unbestimmt, wer die modische Führung in Europa übernehmen würde.

Die Kleidung der Soldaten wurde zum Vorbild für die Tracht der Männer aller Schichten, für Bürger und Handwerker ebenso wie für den Adel. Sie setzte sich im wesentlichen aus Elementen der bäuerlichen Tracht zusammen, die jedoch, dem Anliegen ihrer Träger entsprechend, renommistisch ausgestattet wurde. Als weiterer Orientierungspunkt diente die Mode der reichen Bürger Hollands, die nach ihrem Triumph über die Weltmacht Spanien auf dem Höhepunkt ihres Einflusses waren. Das Bürgertum der Niederlande liebte gedeckte Farben und bevorzugte schlichte Schnitte. Allein in den teuren, kostbar gewirkten Stoffen dokumentierte sich Wohlstand und Selbstbewußtsein.

Die Kleidung der Zeit des Dreißigjährigen Kriegs war insgesamt locker, körpergerecht und zweckmäßig geschnitten, ohne auf eine bestimmte Façon festgelegt zu sein. Die Oberbekleidung bestand aus ei-

*146 Esaias van de Velde, Bildnis eines Offiziers, um 1630 (Ausschnitt)*

*147 Wybrand d.Ä. Simonsz de Geest, Bildnis eines Feldherrn des Dreißigjährigen Kriegs*

*148 Landgraf Wilhelm von Hessen (1601-1650). Anonymer Stich*

nem kurzen, engen, bisweilen auch aus einem bequemeren, längeren Wams. Angenestelte Schöße, die aus mehreren Einzelteilen bestanden und sich schuppenartig um die Hüften legten, verlängerten das Wams. Aus Leder gefertigt gab diese Oberbekleidung eine brauchbare Kriegskleidung ab. Durch die nach oben verschobene Taille wurden Hüften und Beine des Mannes besonders betont. Keck standen die Rockschöße vom Körper ab und wippten bei jedem Schritt auf und nieder. Haartracht, Kopfputz, Mantel und Stiefel unterstrichen das martialische Auftreten der Soldaten und der Männer, die sie nachahmten. Das Haar trug man halblang und ließ es im Wind flattern, ganz Übermütige experimentierten mit asymmetrischen Haarschnitten oder flochten sich kleine Zöpfe. Am großen, halbweichen Filzhut, dem Respondent, schlug man die breite Krempe nach Lust und Laune hoch oder herunter, setzte den Hut tief in die Stirn oder schräg auf den Kopf, eben wie es »respondierte«. Wallende Straußenfedern oder buschige Fuchsschwänze machten die Kopfbedeckung zum eigentlichen Renommierstück des Kriegers.[158] Der Mantel wurde schwungvoll über die Schulter geworfen und der Gang wirkte durch die überdimensionierten Stulpenstiefel schwer und gewichtig. Diese Stiefel, mit ihrem lässig nach außen geschlagenen Rand und mit Sporen bestückt, vervollständigten das kriegerische Erscheinungsbild. Von Kopf bis Fuß auf verwegene Taten eingestellt, tritt uns der Mann des Dreißigjährigen Kriegs entgegen, und jederman versuchte, diesem Vorbild gleichzukommen: »Da wir alle leben in dem Krieg, muß ich alle meine Sachen, Wammesachsel, Kleid und Schoß, nach der Rüstung lassen machen ....«[159]

Die Beinkleider der Soldaten fügten sich in das Gesamtbild der Mode ein. Sie waren von mäßiger Weite, in ihrer Detailgestaltung phantastisch-malerisch, ganz im Sinne ihrer Träger. Trotz der nicht zu übersehenden Uneinheitlichkeit der speziellen Trachten sind gewisse Entwicklungslinien in der Hosenmode erkennbar.

*149 Kavalierstracht mit Lederwams, Stulpenstiefeln und federgeschmücktem Respondent. Claude Deruet und sein Sohn. Zeichnung von Jacques Callot, 1632*

*150, 151 Französische Alamode- Kavaliere*

Zwischen 1613 und 1623 favorisierte man die »Culotte béarnaise«[160], eine nunmehr menschlichen Dimensionen angepaßte Pluderhose, deren Weite nicht mehr hinderlich wirkte. Dieses noch recht plumpe, nicht wattierte Hosengebilde wurde unterhalb des Knies, manchmal erst in der Wadenmitte durch breite, dekorative Schleifen abgeschlossen. Den Hosenbund befestigte man nach wie vor mit Nesteln am Wams. Wurden sie sichtbar getragen, band man die Nesteln zu dekorativen Schleifen, waren sie verdeckt, ließ man ihre Enden herabhängen und störte sich nicht daran, wenn sie unter den Rockschößen hervorbaumelten. Diese gewollte Nachlässigkeit unterstrich das verwegene Gesamterscheinungsbild. Selbst als die Hosenbünde am Wams festgehakt wurden, schmückte sich der modebewußte Avantgardist weiterhin mit den überflüssig gewordenen Nesteln in Form von Bandrosetten oder Schleifen. Die äußere Hosennaht wurde durch breite Tressen oder dicht aneinandergesetzte Knöpfe betont, die im unteren Viertel offenstanden und den Blick auf den feinen Unterstoff freigaben.

Der Hosenschlitz, »Braye« oder »Bavaroise«[161] genannt, erfährt eine sichtbare Aufwertung. Zum ersten Mal in der Modegeschichte ist er mit großen, gut sichtbaren Zierknöpfen versehen, die offenkundig mehr dekorativen als funktionellen Zwecken dienen. Moscherosch spottet im

*152 Französisches Männerkostüm, um 1640. Stich von Abraham Bosse*

*153 Der Schneider. Anonymer französischer Stich, 17. Jh.*

*154 Der Stich von Abraham Bosse aus dem Jahr 1643 illustriert die Folgen eines Edikts des Kardinals Mazarin gegen Kleiderluxus und Importwaren.*

»Schergenteuffel«: »... und möchte mancher meinen, er sehe einen Kramladen aufgetan, so mit mancherlei Nesteln, Bändeln, Zweifelstrikken, Schlupfen sind sie an Hosen und Wams verändert, verstellt, behänckt, beschläncket, beknöpft und beladen.«[162]

Die Hose der dreißiger Jahre des 17. Jahrhunderts unterscheidet sich im Schnitt nur noch unwesentlich von heutigen Hosenmodellen. Wesentlich enger geworden wird sie nun nicht mehr am Wams befestigt, sondern mit Hilfe einer durch den Saum gezogenen Schnur in der Taille gehalten. Die Außennaht des Beinkleids ist geschlossen, Borten und Knopfleisten entfallen. Stattdessen legt man jetzt gesteigerten Wert auf einen auffälligen Abschluß des Hosenbeins. An der Außenseite der Hose werden in dicken Büscheln Bandschleifen angeknöpft, der Strumpfansatz wird zuweilen durch Spitzborten oder einen schmalen Rosettenkranz kaschiert.

Abraham Bosse illustriert auf einem Stich von 1643 die modischen Folgen eines Edikts des französischen Kardinals Mazarin, das sich gegen Extravaganzen und, ganz im Sinne des Merkantilismus, gegen Importe aus dem Ausland richtete.[163] Der abgebildete Herr präsentiert sich in einem sehr schlichten Hosenmodell und hat sich der Bänder und Schleifen entledigt. Zahlreiche andere Abbildungen aus der Spätzeit des Dreißigjährigen Kriegs zeigen allerdings, daß dieses Modell keineswegs die Norm darstellte. Vielmehr bevorzugte man jetzt Hosen, die oben wie unten gleichweit geschnitten und über und über mit Bandschleifen geschmückt waren. Eine Karikatur von 1645 zeigt einen englischen Gentleman in einer äußerst knapp geschnittenen Hose, deren Latz offen steht. Mit Schnur und großer Schleife wird das Hosengebilde, aus dem das Hemd üppig hervorquillt, mit Mühe auf den Hüften gehalten.

*155 Englische Karikatur, um 1645*

Hatte man dem Hosenschlitz seit der Abschaffung der Schamkapsel keine große Aufmerksamkeit mehr geschenkt, so wird er um diese Zeit wieder verstärkt mit Dekorationen versehen. Durch ein buntes Dreieck aus Bandschleifen geschmückt, avanciert er erneut zum Blickpunkt der Männermode. Farben, Rüschen und besonders die raschelnden Bänder betonen den Ort geschlechtlicher Aktivität, allerdings in deutlich subtilerer Form, als dies im 15. und 16. Jahrhundert der Fall war. Die Ausschmückung des Latzes scheint wieder opportun, was sich dahinter befindet, bleibt jedoch der Phantasie überlassen. Die verfeinerten Sitten des 17. Jahrhunderts, die Verschiebung sexueller Belange »hinter die Kulissen«[164] finden ihre Entsprechung in nur noch verschlüsselten Hinweisen auf das Geschlecht. Eine Renaissance der plumpen Direktheiten à la Braguette findet nicht statt.

Aus der ersten Hälfte des 17. Jahrhunderts sind Originalkostüme erhalten geblieben, die Aufschluß geben über Schnitte, Fertigungsweisen und Ausstattungen der männlichen Beinkleider.[165] Es handelt sich allerdings ausschließlich um Modelle aus den Kleiderkammern des Adels. Ein anschauliches Beispiel stellt die in der Stockholmer Leibrüstkammer aufbewahrte Hose des Königs Karl X. Gustav von Schweden von 1654 dar. Sie ist aus grauem Samt gefertigt, mit Gold- und Silberspitzen besetzt und an Latz und Beinabschlüssen mit zahllosen Bandschleifen dekoriert. »Sie ... haben soviel Band um sich«, merkte der Zeitgenosse Sir John Evelyn spöttisch an, »als hätten sie sechs Läden ausgekauft und zwanzig Maibäume geplündert.«[166]

*156 Kostüm König Karls X. Gustav von Schweden, 1654*

*157 Simon Kick, Soldatengesellschaft, um 1645/50 (Ausschnitt)*

*158 Französischer Gardekapitän. Stich von Abraham Aubry*

Die Begeisterung für Bänder, Spitzen und Federn ist symptomatisch für eine Zeit, die in Bewegung ist. Anders als die vorangegangene höfische Mode Spaniens, erfreute sich die Soldatenmode des Dreißigjährigen Kriegs bei Männern aller Schichten großer Beliebtheit. Die Mode war erschwinglich und tragbar, ihre Accessoires waren nicht zu aufwendig und trotzdem wirkungsvoll. Die beweglichen Teile der Tracht reagierten auf jede Körperwendung, und indem sie dem körpereigenen Rhythmus folgten, verstärkten sie ihn. Bei jedem Schritt wippten die Hutfedern, flatterten Bänder, raschelten Bandschleifen und knarrten die schweren Lederstiefel. Dies entsprach in starkem Maße dem kinästhetischen Empfinden und gab dem derart Bekleideten das Gefühl, selbst von der Bewegung getragen zu werden.

Zeitgenössische Abbildungen zeigen die Übereinstimmung zwischen Körpersprache und Kleider-Ich: Breitbeinig, die Arme in die Hüften gestemmt oder sich lässig auf einem Stuhl räkelnd präsentiert

*159 Frans Hals und Pieter Codde, De magere Compagnie, (Ausschnitt)*

160

man sich, die martialische Tracht unterstreicht das gewollt dominante, selbstherrliche Auftreten.

Gleichzeitig gerät der sich so präsentierende Mann unter Zugzwang. Die kriegerische Bekleidung ordnet ihm Eigenschaften zu, denen er, will er sich nicht bloßstellen, mehr oder weniger entsprechen muß. Kiener, der die gewagte Behauptung aufstellt, der primäre erotische Reiz des Mannes liege in seiner Kraft und Macht, folgert, daß martialische Gewänder erotisierend auf Frauen wirken: »Klirrendes Metall, knarrendes Leder, wehende Helmbüsche wirken großartig und lassen von einem Mann, der in solch kriegerischem Aufzug Frauen entgegentritt, einen kühnen Zugriff und eine leidenschaftliche Besitznahme erwarten.«[167] Derart kühne Zugriffe und leidenschaftliche Besitznahmen, die von Frauen sicherlich zu keiner Zeit wohlwollend goutiert wurden, charakterisiert Grimmelshausen im »Simplicissimus« wohl wirklichkeitsnäher: »Hunger und Durst, auch Hitz' und Kält' Arbeit und Armut, wie es fällt, Gewalttat, Ungerechtigkeit, Treiben wir Landsknecht allezeit. ... fressen und saufen, Hunger und Durst leiden, huren und buben, raßeln und spielen, schlemmen und demmen, totschlagen und wieder zu Tod geschlagen werden ... in Summa nur verderben und beschädigen und hingegen wider verderbt und beschädigt werden, war ihr ganzes Tun und Wesen.«[168]

Den Höhepunkt der Modeentwicklung der Zeit und gleichzeitig ihre Übersteigerung ins Groteske stellt die Erscheinung des »Alamode-Kavaliers« dar, eine geckenhaft gespreizte Übertreibung der Kriegstracht, die hauptsächlich in Frankreich und Deutschland auftrat und

Allmodischer KleyderTeuffel.

Das ist/

1. Schimpff vnnd Ernstlicher Discurs / vber den heuttigen Allmodischen: oder / A-la-modischen/ KleyderTeuffel/ &c.

2. Erörterung der Frage: Wie ein Erbarer Teutscher Mann thun solle/ wann sein Weib (da es doch sein Seckel nicht ertragen könte) sich Allmodisch tragen wolte/ damit er des Haußscepters nicht gar verlustig werde.

3. Regulæ eines Getrewen EheWeibs.

Verfasset Durch

M. Johann Ellinger Caplan zu Arheiligen.

Getruckt in Verlag Johann-Carl Vnckels Buchhändlers zu Franckfurt am Mayn.

Anno M. DC. XXIX.

*161 Allmodischer Kleyder Teuffel, Titelblatt, 1629*

Thema vieler Flugschriften und Sittengedichte war.[169] Nun sind es nicht mehr die Landsknechte selbst, die den Ton angeben, sondern ihre Nachahmer. Respondent und Stulpenstiefel können nicht aufwendig, der Mantel nicht verwegen genug sein für den herumstolzierenden »Alamode-Kavalier«. Gestiefelt und gespornt betritt er die Salons, doch die Sporen sind vergoldet und die Beine stecken in feinen Seidenstrümpfen. Besondere Sorgfalt widmet der Kavalier seiner Haartracht. Mal wird das Haar zu kleinen Zöpfen, den »cadenettes«[170] geflochten, ein anderes Mal mit »faveurs«, Perlen und bunten Schleifen geschmückt.

Anfangs eine Spezialität französischer Höflinge, fand die gezierte Mode bald ihre Nachahmer auch bei deutschen Stutzern und Glücksrittern. Im »Allmodischen Kleyder Teuffel«, erschienen 1629 in Frankfurt am Main, bemerkt der Kaplan Johann Ellinger: »Die Allmodische Tracht ist ein hònlicher vnd Nàrrischer Pracht / vnd ein schàndlich Werck, daß die Leuth mehr verstellet als zieret / darumb laß darvon ab.«[171] Ganz besonders beklagt er aber, daß auch die »vernünftigen« Männer derart der Mode verfallen sind: »Schande vber Schand aber ist es / daß die Mannspersohnen hierin dem weiblichen Geschlecht nichts nach geben / sondern viel mehr in gleicher Unart den Leib zubutzen und auff zuzàumen / fallen wollen / die Weibsbilder zwar ist es nicht angeflogen / dann sie haben den Stolz vnd die Pracht von Eva gesogen / da sie den Apffel aß: Die Mànner so viel besser solten sie diesem vnartigen prächtigen Kleiderteuffel vnnd Bauchgott / feind vnd zuwider seind: Aber leyder da heist es:
Was man am hefftigsten verbietet/
Dasselb zum ersten vns beliebet.«[172]

Schließlich kommt er auf die allseits beklagte Übernahme fremdländischer Moden zu sprechen: »Wie würden sich doch ... der Teutschen Stamm vnnd Anherrn verwundern / wann sie wiederumb lebendig würden / in vnser Vatterland kommen / vnd ihre Nachkommen / also gar von der alten / ehrlichen Teutschentracht abgefallen / vnnd hergegen auff Allmodisch herauß gebutzet oder vielmehr verstellet sehen solten / wùrden sie dieselbige nicht viel mehr vor Bastharden / als natùrliche Teutsche halten vnd erkennen.«[173]

Auch der Satiriker Hans Michael Moscherosch spottet in seinem Buch »Wunderliche und wahrhaftige Gesichte Philanders von Sittewald« moralisierend über den »Monsieur à la mode«: »Dann sobald kann nicht eine Wälsche närrische gattung aufkommen, daß ihr vngerathene Nachkömmling nicht sobald dieselbe müßt nachäffen vnd fast alle viertel Jahr ändern; auch dafür haltet, wo ein Ehrlicher Gewissenhafter

*162 Dirck Santvoort, Die Familie von Dirck Bas Jacobs, um 1635 (Ausschnitt)*

Mann bey seiner alten Ehrlichen Tracht bleibe, daß Er ein Hudler, ein Halunck, ein Alber, ein Esel, ein Töpel sein müsse.«[174]

Deutschland, im Dreißigjährigen Krieg Schlachtfeld aller europäischen Nationen, gelang es nicht, zur staatlichen Einheit zu finden. Das Fehlen einer nationalen Identität wirkte sich auf alle gesellschaftlichen und kulturellen Bereiche aus. In Kleinstaaten zerrissen, nahm es bereitwillig Sprache, Kultur und Moden seiner wechselnden Feinde oder Verbündeten auf. Als Resultat diverser Bündnisse zwischen deutschen Potentaten und dem französischen Hof, bildete sich in Deutschland mit der Zeit eine besondere Affinität zu Frankreich heraus. Friedrich von Logau charakterisiert abwertend die dominierende Stellung der französischen Nachbarn: »Frankreich hat es weit gebracht, Frankreich kann es schaffen, daß so manches Land und Volk ward zu seinem Affen.«[175]

Sichtbar wurde der französische Einfluß nicht zuletzt bei der höfischen Kleidung. In Flugschriften, Spottgedichten und Satiren wider die »ehrwidrige französische Mode« wird deshalb auch eine deutliche Kritik an höfischen Moden und Sitten, im weiteren Sinne an der Vorherrschaft des französischen Absolutismus, formuliert. Moscherosch ver-

*163 August d.J. Herzog von Braunschweig-Lüneburg (1579-1666). Kupferstich von Conrad Buno*

bindet seine Klage über die Exaltiertheit der neuen Moden mit dem Hinweis auf fehlende deutsche Souveränität auch in Fragen des Geschmacks: »Dann trägt man kurtz, dann lange Röck, Dann große Hüt, dann spitz wie Weck, Dann Ermel lang, dann weit dann eng, Dann Hosen mit viel farb vnd spreng. Ein Fund dem andern kaum entweicht, Dann Teutsch Gemüth ist also leicht. Dann zeigt was in dem Hertzen leyt. Ein Naar hat ändrung allezeit.«[176]

Als positives Gegenbild zur »Monsieurischen Alamode« berief man sich auf die bürgerliche Tugenden verkörpernde »altehrbare Teutsche Tracht«. Doch alles Klagen über den Einfluß französischer Moden und die bereitwillige Übernahme durch die Deutschen blieb folgenlos. Warnte Friedrich von Logau um 1625: »Alamode=Kleider, Alamode=Sinnen: wie sich's wandelt außen, wandelt sich's auch innen.«[177], so war der Prozeß der Orientierung an Frankreich doch nicht mehr reversibel. Wer auf sich hielt, kleidete sich nicht nur nach Pariser Vorbildern, sondern sprach auch französisch und imitierte französische Sitten und Gebräuche. Mit dem Ende des Dreißigjährigen Kriegs beginnt eine Periode der Europäischen Modegeschichte, in der Frankreich uneingeschränkt den Ton angibt, eine Vorherrschaft, die drei Jahrhunderte währen sollte.

## Mann trägt Rock – die Rheingrafenhose

Im Jahre 1660 betritt in Paris ein Mann im Rock die Bühne der Modegeschichte. Der holländische Gesandte, Wild- und Rheingraf Salm, wird zum Namensgeber einer Rockhose, der »Rhingrave«[178], die den Höhe- und Schlußpunkt einer jahrhundertelangen Abfolge in der Kreation phantastischer Männerhosen bildet.

Die Rheingrafenhose, in England »petticoat-breeches« genannt, ist eine Weiterentwicklung der soldatischen Hose aus der Tradition des Dreißigjährigen Krieges zum üppig dekorierten Rock. Zunächst wurde das mit Bandschluppen übersäte Beinkleid der Modegecken und Stutzer verkürzt, dafür nahm es an Weite zu. Sein kriegerischer Charakter ging nun völlig verloren, es wurde zu einem rockähnlichen Gebilde, einem Hosenrock. Conrad Bruno stellt auf einer Illustration aus dem Jahr 1663 einen deutschen Hofmann in einem solchen Beinkleid dar. Abbildungen aus dieser Übergangszeit sind rar, denn sie währte nur kurz; die konsequente Weiterentwicklung zum realen Rock ließ nicht lange auf sich warten.

Die vermutlich tatsächlich vom oben genannten holländischen Gesandten kreierte Rockmode fand großen Anklang am französischen Hof, entsprach sie doch genau der Effeminationstendenz adliger Kreise, die Mitte des 17. Jahrhunderts immer weiter um sich gegriffen hatte. Männer des Adels trugen Perücken oder zumindest langes, gelocktes Haar, parfümierten und schminkten sich und bevorzugten hochhackige, schleifengeschmückte Stöckelschuhe. An den Höfen ganz Europas orientierte man sich am Hof Ludwigs XIV., und so verwundert es nicht, daß die Rheingrafenhose schon sehr bald von der Herrenwelt Englands, Deutschlands und Hollands getragen wird. Erstmals handelt es sich um eine Mode unter dem Diktat Frankreichs, die keine nationalen Varianten erfährt, sondern unverändert übernommen wird.

Allerdings blieb die Mode der Rheingrafenhose weitgehend auf adlige Kreise beschränkt. Die Zeiten, in denen wohlhabende Bürger fürstlichem Glanz nacheiferten, waren passé, Luxus wieder zum Vorrecht des Adels geworden. Französische Stiche aus den Jahren 1670 bis 1680[179], die als kostümgeschichtliche Dokumentation angefertigt wurden, belegen, daß die Rockmode Privileg höfischer Kreise blieb. Männer des Bürgertums sind, ebenso wie Handwerker und Bauern, regelmäßig in mäßig weiten Kniehosen abgebildet.

*164 Deutscher Hofmann im Hosenrock. Illustration von Conrad Buno, 1663, (Ausschnitt)*

*165 Romeyn de Hooghe, Herr in Rhingraven. Stich aus der Folge »Figuren á la mode«*

*166-168 Französische Kostüme, um 1670/80*

Bürgerliche Nachahmungsversuche dieser Modevariante muß es trotzdem gegeben haben: 1662 verbot eine Kleiderordnung der Stadt Dresden den Handwerksgesellen das Tragen der »Rhingrave«, der Pastor Ouw hielt in Flensburg eine donnernde Philippika gegen sie.[180] Hauptsächlich aber sind die Kleiderordnungen der Zeit mit dem Kampf gegen den Kleiderluxus, modische Auswüchse und Mißachtung ständischer Schranken befaßt – wie schon in den Jahrhunderten davor ohne großen Erfolg. So führt der Rat der Stadt Leipzig 1678 Klage, daß alle »zu Dämpffung der Kleider-Hoffahrt und anderer übermüthigen Pracht und schändlichen Unordnungen« erlassenen Verordnungen aus den Jahren 1634, 1640, 1652, 1656, 1673 und 1674 nicht befolgt worden seien.[181]

*169 Jean de Saint-Jean in Rheingrafenhosen mit Bandschleifen-Accessoires. Anonymer kolorierter Stich, Frankreich, um 1678*

Die Rheingrafenhose war ein tief auf den Hüften sitzender, knielanger Rock, der nicht mehr am Wams angenestelt, sondern mit Hilfe einer Schnur oder eines Bundes gehalten wurde. Für ihre Herstellung benötigte man 20 bis 30 Ellen Stoff, der gleichförmig zugeschnitten und in der Taille zu Falten zusammengerafft wurde. Dazu trug man ein kurzärmeliges Wams, das »pourpoint«, das äußerst knapp, fast wie ein Kinderjäckchen geschnitten war. Den Zwischenraum füllte ein bauschiges, feines Hemd aus, das den saloppen Gesamteindruck wesentlich verstärkte. Kein Kleidungsstück schien zu passen, die Jacke war zu knapp, das Hemd zu weit, das Beinkleid schlotterte und rutschte. »Monsieur, vous perdez vos chausses!« (Monsieur, Sie verlieren Ihre Hosen!)[182] riefen die Pariser Gassenjungen den modischen Kavalieren nach.

Gefertigt waren die Rheingrafenhosen meist aus gestärktem, feinem Leinen oder aus Seide, Stoffen die glänzten. Der Zeitgeschmack des Barock neigte zu dunkleren Farben, insbesondere Scharlach- oder Weichselrot und Dunkelblau. Verschwenderisch war der Aufputz der Unterrockhosen. Nach wie vor favorisierte man farbigen Bandschleifenschmuck, die »Galants« und das »Gänseklein«. Bei schlichteren Modellen begnügte man sich mit der Ausschmückung von Bund und Saum, den man gerne mit einer breiten Gold- oder Silberspitze schmückte. Aufwendigere Modelle weisen zusätzlich noch mindestens zwei oder drei Bandreihen an den Außennähten auf, auch setzte man die Band-

*170 Friesische Schiffertracht. Stich von B. Picart, um 1720*

*171 Oublieur de la Ville de Paris. Stich von B. Picart, um 1720*

*172 Rheingrafenhose. Französischer Stich, um 1675*

*173 Standartenträger in Rheingrafenhosen und volantbestückten Unterhosen. Pieter van de Faes (1618-1680), Kohlezeichnung*

*174 Bandschleifenmode. Ausschnitt aus einem Kupferstich von A. Aubry*

schleifen nicht mehr über- sondern nebeneinander. Zweihundert Meter Band für die Dekoration einer einzigen Rheingrafenhose waren keine Seltenheit.[183] Übersät mit Büscheln aus farbigem Band erfährt das männliche Beinkleid nochmals eine Steigerung seiner malerischen Wirkung, allerdings mit einer deutlichen Tendenz zur Exaltation.

Zum üppig weiten Rock trug der modebewußte Mann lange, weite Unterhosen, die er unter dem Rock sichtbar werden ließ. Unterhalb des Knies gebunden und häufig mit Spitzen und Bändern besetzt, waren sie alles andere als nur Accessoires der Mode. Bei manchen Modellen wurde der Beinabschluß so nachdrücklich betont, daß die Unterhose zu einem dem Rock adäquaten Kleidungsstück aufstieg. Ein Bildnis von Gerard Terborch aus der zweiten Hälfte des 17. Jahrhunderts zeigt einen Herren in derart gestalteter Tracht. Komplettiert durch einen weiten Mantelüberwurf und eine winzige Kopfbedeckung entsteht eine Silhouette, die in der Kostümgeschichte ihresgleichen sucht. Die effeminierende Entwicklung der männlichen Tracht gipfelt in Formen, denen offensichtlich jedes Maß für formale Ausgewogenheit abhanden gekommen ist. Kostüme, wie das des Herzogs Maximilian von Bayern, lösen sich in ihrer überladenen Ausstattung förmlich auf.

*175 Gerard Terborch, Männerbildnis, 1656/75 (Ausschnitt)*

*176 Page. Ausschnitt aus Gerard Terborch, Dame beim Ankleiden, um 1660*

*177 Rheingrafenhose und Pourpointkostüm mit Spitzen, Bandschleifen und Knöpfen übersäht. Joh. Ulrich Mayr, Bildnis Herzog Maximilian Philipps von Bayern, um 1670*

*178 Ludwig, Dauphin Frankreichs. Kolorierter Stich*

*179 Ludwig XIV., König von Frankreich, Antoine Trourain, um 1680*

Ohne den Absolutismus Ludwigs XIV. wäre die effeminierende Rheingrafenmode kaum denkbar gewesen. Der französische König betrachtete seinen Körper als Körper des Staates: »L'Etat c'est Moi.« Er war der absolute Monarch, der Frankreich jahrzehntelang unangefochten regierte. Eine einprägsame Darstellung der höfischen Umgangsformen gibt Erik Grawert-May: »In Versailles waren 5 000 Offiziere für die Regelung des Hoflebens zuständig. Außer ihnen hatte Ludwig XIV. ein Heer von Spitzeln engagiert, die hinter Geheimtüren, in stillen Ecken und unüberschaubaren Nischen die Gespräche und stummen Gebärden der Hofleute studierten, um sie dem König mit aller Genauigkeit zu berichten. ... denn nichts durfte dem König verborgen bleiben. Das liegt an der z.T. prekären Balance zwischen der Macht des Königs und der des Hofadels. Zwar verdankte dieser seine Position allein dem Monarchen, der ihn solange mit Geschenken überhäufte, wie er ihm ergeben war. Ergebenheit aber hieß Präsenz in Versailles und Präsenz in Versailles hieß, den König vom Aufstehen bis zum Schlafengehen zu umgeben.

Der König blickte jedem in die Augen; er kannte jeden und war genauestens darüber informiert, ob jemand fehlte. Jeder Versuch, sich aus dem Bereich des Schlosses unangemeldet zu entfernen, wurde mit dem Verlust der Freigiebigkeit des Königs bestraft; von ihr hing indes die Stellung und das Überleben der ›Noblesse de robe‹ ab.«[184] »Man kann nicht sagen«, bemerkte die Herzogin von Orléans, »daß es am Hofe irgend einen Platz gibt, wo man sich vernünftig unterhalten kann. Die Menschen haben dazu viel zu große Furcht.«[185]

Der Funktionsbestimmung »des Hofes als einer Überwachungsanstalt«[186] entspricht das Anliegen des Höflings, sich dem Blick des Souveräns zu entziehen, den Körper zu verhüllen, als letztes Geheimnis für sich zu bewahren. Die Höflinge liebten es, sich zu verkleiden, sich in überspannten Kostümierungen aufzulösen. Die Unterrockmode spiegelt die herrschenden Zeitumstände wider, ist Ausdruck der Abhängigkeit, Dekadenz und moralischen Libertinage des Adels. Sie stellt den Höhepunkt, zugleich aber auch den Abschluß einer höfischen Modeentwicklung dar, die es weder vor noch nach dieser Epoche in ähnlicher Affektiertheit gegeben hat.

## Beinkleider des Rokoko

*»Berget immer die erhabne Schande*
*Mit des Majestätsrecht Nachtgewande*
*Bübelt aus des Thrones Hinterhalt!*
*Aber zittert für des Liedes Sprache:*
*Kühnlich durch den Purpur bohrt der Pfeil der Rache*
*Fürstenherzen kalt.«*
*Friedrich Schiller, Die schlimmen Monarchen*[187]

Neben dem rationalen aufklärerischen Diskurs war die Entdeckung der individuellen Gefühlswelt einer der Wege zur Entwicklung des bürgerlichen Subjekts im 18. Jahrhundert. Empfindsamkeit prägt die Literatur und Kunst der »Sturm-und-Drang-Zeit«.[188] Aber auch im realen Leben gab man sich gerne seinen Gefühlen hin, gründete »geheime Orden der Empfindsamkeit«, veranstaltete »Kongresse der Empfindsamkeit«[189], schwärmte und ließ die Seele sprechen. Gefühl, die subjektivste aller menschlichen Lebensäußerungen, paßte nicht zum Absolutismus, gehörte nicht in ein System, das auf der unumschränkten Macht eines Ein-

*180 Richard Earlom nach J. Zoffany, Die heimliche Hochzeit, 1772 (Ausschnitt)*

zelnen aufgebaut war. Um die Mitte des 18. Jahrhunderts war der Bürger aus Gründen der Selbstbehauptung gezwungen, sich dem fürstlichen Ich gegenüber zu emanzipieren; »der Bürger wollte von jetzt ab voll und ganz Mensch sein.«[190] Doch noch war es nicht soweit. Zwar galt die Devise Ludwigs XV.: »Le roi règne, mais ne gouverne plus«[191] auch für die Mehrzahl seiner europäischen Kollegen, doch das letzte Jahrhundert, in dem die höfische Kultur den Ton angab, war erst angebrochen. An seinem Ende sollte das Bürgertum bestimmender Faktor in allen gesellschaftlichen Bereichen geworden sein.

Das Rokoko, die »galante Zeit«, wie die Zerfallsperiode feudaler Vorherrschaft oft genannt wird, ist gekennzeichnet durch äußerste Verfeinerung der höfischen Etikette und Moden. Das Bestreben der höfischen Gesellschaft, sich von allem emporkommenden bürgerlich-Vulgärem abzusetzen, mündete in fortschreitendem Raffinement auf allen Ebenen des gesellschaftlichen Lebens. Nicht nur die Verschwendungssucht erreichte ungeahnte Ausmaße, auch was bislang als unmoralisch galt, wurde nun salonfähig. Amouröse Affairen wurden geradezu zur Pflichtübung adliger Herren, war man ohne Liebschaft, so hielt man sich zum Schein eine »Maîtresse en titre«.[192] Das Angebot an höfischem Plaisir war breit gefächert, zur Wahl standen Bälle, Jagden, Schlittenfahrten, Schäferspiele. Großer Beliebtheit erfreuten sich Maskeraden, die sogenannten »Wirtschaften«[193], in deren Verlauf die Etikette mißachtet und die Mann-Frau-Rollen vertauscht werden durften.

Die Hofmode des Rokoko, nach wie vor dem französischen Vorbild verpflichtet, ist die letzte europaweite Mode, in der sich ein Stand durch Äußerlichkeiten deutlich von anderen abgrenzt.[194] Befreit von der

*181 »Paysan Galant«. Französisches Balletkostüm, um 1780*

*182 Antoine Watteau, Gesellschaft im Freien, um 1700 (Ausschnitt)*

pompös strengen, Individualität unterdrückenden Etikette Ludwigs XIV., nahm die Mode um 1715 ausgesprochen leichte, verspielte Züge an. Der schwere, der militärischen Uniform nachempfundene Justaucorps der Spätzeit des Sonnenkönigs verwandelt sich unversehens in einen zarten, graziösen Männerrock mit weit ausgestellten, schwingenden Schößen. Überreich und farbenfroh bestickt, wobei erstmals asymmetrische Ornamente, vor allem Blumenmotive zur Anwendung kamen[195], blieb der Rock das auffälligste Kleidungsstück des höfischen Mannes.

Doch nicht nur in ihrer Kleidersilhouette glichen sich die Höflinge des Rokoko den Damen an, auch sonst imitierte man »la femme«. Am Hof von Versailles, in den berühmten Salons des Adels[196] gaben Frauen den Ton an, Madame Pompadour sei hier nur als berühmtestes Beispiel genannt. Die Hofmänner Ludwigs XV. und Ludwigs XVI. wirkten ausgesprochen feminin, waren glatt rasiert[197], parfümiert, gepudert und ge-

*183 John Jeltrey Pratt. Porträt von John Hoppner*

*184 Rokoko, 1740*

*185 Thomas Gainsborough, Blue Boy, um 1770*

*186 J. B. Höchle, Zusammenkunft Kaiser Franz II. mit Kurfürst Theodor von Bayern in Nymphenburg, 1792 (Ausschnitt)*

schminkt. Man liebte zarte Spitzen, legte bisweilen gar Schönheitspflästerchen auf, bewegte sich maniriert graziös. Mützel kennzeichnet das Gehabe der Höflinge als »galante Pose, stets zu einem grand compliment vor dem zarten Geschlecht bereit.«[198] Die Puderung verwischte sichtbare Altersunterschiede, die Hofgesellschaft des Rokoko gab sich künstlich gealtert.

Das männliche Beinkleid spielt in der Mode des 18. Jahrhunderts eine untergeordnete Rolle, fügt sich in Schnitt und Farbgestaltung eher unauffällig in das Gesamtbild ein. Die halbweite Kniehose, die Culotte, die um 1660 die üppige Rheingrafenhose ersetzt hatte und seitdem ein Schattendasein unter dem Justaucorps führte, wurde nahezu unverändert beibehalten. Allerdings gab die neue Mode der weit auseinanderklaffenden, abstehenden Rockschöße den Blick auf sie wieder frei.

In den ersten Jahrzehnten des 18. Jahrhunderts war die Culotte von mäßig weitem Schnitt. Ihr Bund konnte mittels einer Schnalle oder Schnürung reguliert werden, so daß die Hose stets fest auf den Hüften saß. Die Schlitze der Außennaht wurden durch Knöpfe geschlossen, manchmal auch geschnürt. Den Beinabschluß bildeten seit 1730 am Knieband fixierte Schnallen. Dieser Schnallenverschluß löste die Bandschleifenmode ab. Zudem überdeckte man seit dieser Zeit nicht mehr mit den Strümpfen den Hosenabschluß, sondern mit den Hosen den Strumpfabschluß. Die Culotte wurde zunehmend enger und straffer, bis sie in den achtziger Jahren schließlich das Männerbein glatt und faltenlos modellierte. »Man trug die Hosen so eng als irgend möglich und fertigte sie deshalb nicht von Stoff, sondern ließ sie nach Art der Strümpfe stricken oder wirken; derartige Hosen nannte man ›Strumpfhosen‹.«[199] Max v. Boehn berichtet vom Herzog von Artois, der seine Hosen nur anlegen konnte, wenn er in das von mehreren Bediensteten gehaltene Kleidungsstück von oben hereinsprang.[200] Einer anderen Anekdote zufolge ließ sich der Herzog von Lévis zu jedem Anzug zwei Paar Beinkleider anfertigen, eines, in dem er sitzen konnte, ein anderes, in dem dies nicht möglich war.[201]

Aber nicht nur die Hosenbeine, auch die Hosenlätze wurden im Rokoko wieder sichtbarer Bestandteil der Tracht. Der seit dem Verschwinden der Schamkapsel gebräuchliche Schlitz blieb bis zur Jahrhundertmitte die übliche Verschlußform. Mit einer dekorativen Knöpfung versehen, wurde er dezent hervorgehoben. Um 1750 änderte sich die Verschlußmode: Der Latz, in Frankreich »le Pont« oder »la Patte« genannt[202], trat an die Stelle des Schlitzes. Anfangs handelte es sich um eine auffällig breite Klappe, die am Bund mit zwei Knöpfen gehalten wurde. Erst infolge der Verengung des Beinkleids wurde der Latz erheblich schmaler. Die seitlichen Einschnitte des Latzes verdeckten die Kavaliere gerne mit Uhrketten und anderen Schmuckanhängseln. Doch weniger in der Kaschierung bestand der Zweck dieser Mode, wichtiger war der Klang der »Berlocken«, die zart klimpernd den graziösen Gang der Höflinge begleiteten. Der Hinweis Boehns, daß man in Paris speziellen Unterricht nehmen konnte, um beim Gehen das erwünschte liebliche Klingeln zu erzeugen[203], zeigt die Bedeutung dieser Spielerei. Der Höfling der galanten Zeit verbarg sein Geschlecht, lenkte von ihm ab und verwies durch dezentes Klingeln auf sein gutes Benehmen, seinen erlesenen Geschmack, seine Kultiviertheit. Plumpe Direktheiten entsprachen nicht den verfeinerten Spielregeln des Ancien régime. Wer Raffinessen wie das Klimpern beherrschte, hob sich deutlich von denje-

*187 Französischer Höfling in Culotte mit »Berlocken«, 1787*

*188 Englischer Herr von neusester Londoner Mode, 1786*

*189 Kleidung eines galanten Herrn, um 1780*

nigen ab, die die Mode nur nachäfften, ohne durch ihren Stand dazu legitimiert zu sein.

Wählte man in der ersten Hälfte des 18. Jahrhunderts für die höfische Culotte gerne schwere Brokate mit großblumigen Mustern und üppigen Stickereien, meist im Stoff des Justaucorps, so bevorzugte man ab 1750 eher kleingemusterte Seide und Samt in gedeckten Farben. Zeitgenossen fielen für Farbnuancierungen und Ausstattungen die absonderlichsten Namen ein: Londoner Rauch, Nönnchenbauch, Stutzers Eingeweide, Verstopftenfarbe, Nymphenschenkel[204], um nur einige zu nennen.

Das in ganz Europa erstarkende Bürgertum verschonte auch in Fragen der Mode die herrschenden Stände nicht vor seiner Kritik. »Vornehmheit besteht nicht in dem, was wir anhaben, sondern in dem, was wir sind«, formulierte Richard Brathwaite schon 1630 in seiner Schrift »English Gentleman and English Gentlewoman«.[205]

In dieser Aussage dokumentiert sich früh das Selbstbewußtsein des britischen Bürgertums. England, das Mutterland der industriellen Revolution, begann das 18. Jahrhundert mit dem höchsten Wohlstandsniveau

der alten Welt, nachdem es Holland den Rang abgelaufen hatte. Der Feudalismus als soziales System endete in England schon im 14. und 15. Jahrhundert. Die Statuskategorien auch der vorindustriellen Gesellschaft wurden nicht ausschließlich durch Vorrechte der Geburt oder, in Ergänzung dazu, durch militärische Verdienste bestimmt. Im Vergleich zu den Ländern Kontinentaleuropas zeichnete sich die *old society* durch ein hohes Maß an sozialer Mobilität aus. Auch wohlhabende Kaufleute konnten durch den Erwerb von Grund und Boden – unerläßliche Voraussetzung für den Aufstieg – Teil der Landaristokratie, der *gentry*, werden.[206]

Zudem war der englische Geburtsadel, die *nobility*, meist seinem Landsitz treu geblieben; an den Königshof nach London zu gehen war die Ausnahme, nicht die Regel. Den Anforderungen des Landlebens entsprechend hatte sich beim Landadel eine vergleichsweise schlichte, zweckmäßige Kleidung durchgesetzt. Die einfach geschnittenen Kniehosen bestanden aus Stoffen von guter Qualität oder aus Leder. Gedeckten Farbtönen gab man den Vorzug, »weil diese für den Staub und andere Spuren des Alltagsgeschäfts eines Mannes weniger delikat sind

*190 Johann August Tischbein, Monsieur Chatelain, 1791 (Ausschnitt)*

als einfarbige helle.«[207] So vollzog sich zu Beginn des 18. Jahrhunderts eine Angleichung von höfischer und bürgerlicher Tracht, die von Englandreisenden wie dem Abbé le Blanc verwundert, zugleich mißbilligend konstatiert wurde: »In London ziehen sich Herren an wie Diener, und Herzoginnen imitieren Kammermädchen.«[208] Bereits um 1750 hatte die bürgerliche Tracht in England nichts herabwürdigendes mehr an sich, sondern war wegen ihrer »geschmackvollen Simplicität und Solidität«[209] zur maßgeblichen Mode geworden, die auch auf dem Kontinent mehr und mehr an Bedeutung gewann. 1786 konnte das »Journal der Moden« seinen Leserinnen und Lesern mitteilen: »Ein im englischen Costüm Gekleideter kann gewiß seyn, in jedem Lande, wohin ihn seine Reisen führen, nicht außer der Mode gekleidet zu erscheinen. Er trägt sich englisch! wird man sagen, und dies ist nicht Tadel sondern Lob ...«[210]

In englischer Tracht »gestiefelt, im blauen Frack mit gelber Weste«[211] läßt Goethe seinen jungen Werther Selbstmord begehen. Helle, gelb eingefärbte Wildlederhosen komplettierten die Werthermontur, die von der jungen Sturm-und-Drang-Generation begeistert aufgenommen wurde. Goethe zeigt sich 1775, ein Jahr nach Erscheinen seines

*191 Anton Graff, Prinz Heinrich XIV., 1789 (Ausschnitt)*

*192 Gilbert Stuart, Schlittschuhläufer, 1782*

epochemachenden Briefromans, am Weimarer Hof in »Werthermontierung«[212], die wenig später auch von Herzog Karl August getragen wird. Doch diese Tracht bleibt nicht auf den Kreis empfindsamer Schwärmer beschränkt, sie wird allgemein »zum äußeren Zeichen des Anspruchs auf persönliche Freiheit und der Emanzipation von den herrschenden höfischen Sitten.«[213] Englisch sich zu kleiden hieß sich naturgemäß kleiden, sich von der gezierten höfischen Tracht zu befreien, den bloßen Schein durch Echtheit zu ersetzen, dem Geist der Aufklärung das adäquate Kleid zu verpassen.

Eine vergleichbare Entwicklung begann sich zur selben Zeit in Frankreich abzuzeichnen, wenn auch mit landestypischen Besonderheiten. In Paris beobachtete der deutsche Schriftsteller Peter Sturz 1768 eine »Anglomanie«, überall treffe man auf »wandelnde Riding-Coats, in deren Falten ein gebrechliches, über ebauchirtes, halb wieder aufgelöstes Wesen zappelt.«[214] »Sonderbar ist es, daß die Söhne der Freyheit sich knechtisch unter jede Mode bequemen, und daß der unterthänige Franzos immer eine Nationalverzierung anbringt.«[215] Tatsächlich verfremdete die Pariser Männerwelt die englische Tracht dergestalt, daß sie viel von ihrer ursprünglichen Schlichtheit einbüßte. Das seit 1768 in Weimar erscheinende »Journal des Luxus und der Moden«[216], voll des Lobes über den neuen englischen Anzug, kritisiert: »Indessen haben die Franzosen, denen immer die Englische sehr vernünftige und zweckmäßige Simplicität zu simpel ist, auf mancherley Art daran gekünstelt und ihn meistens verdorben.«[217]

Am Ende des 18. Jahrhunderts hat die Tracht des Adels ihren Vorbildcharakter weitgehend verloren. Die Zeiten, in denen sich Männer und Frauen gleichermaßen prunkend und farbenfreudig

*193 Englische Mode. Wright of Derby, Sir Brooke Boothsby, 1781*

kleideten, Männer meist noch extravaganter als Frauen, sind passé. Die Attribute des modischen Luxus – leuchtende Samte, reich bestickte Brokate, Blumenornamente, Stöckelschuhe mit roten Absätzen, Schminke und Parfüm – sollten in den folgenden Jahrhunderten allein den Frauen vorbehalten sein. Der Pfau wurde grau.

## Die Sansculotten, Paris 1789

*»Mode geht mit der Macht«*[218]

In der Nacht des 14. Juli 1789, dem Tag des Bastillensturms, fand eine Unterredung zwischen Ludwig XVI. und dem Grafen Liancourt statt. Auf den empörten Ausruf des Monarchen: »C'est une révolte!« antwortete der Graf: »Non, Sire, c'est une révolution!« Die Französische Revolution steht »im Zentrum der modernen Weltgeschichte, am Kreuzweg verschiedener politischer und gesellschaftlicher Strömungen, welche die Nationen entzweit haben und noch weiterhin entzweien werden.«[219] Revolution, die radikale Aufhebung der alten Zustände, die Umwälzung aller politischen, sozialen und geistigen Gegebenheiten, war die Antwort des französischen Bürgertums auf die tiefgreifenden Probleme des Ancien régime. Doch Akteur des revolutionären Geschehens war nicht allein das Bürgertum, die Bourgeoisie; zum Dritten Stand, der alle Nichtkleriker und Nichtadligen umfaßte, gehörte das Volk Frankreichs, die revolutionäre Volksmenge. Die »Sansculotten« bildeten die soziale Basis des Umsturzes.

Die französische Feudalaristokratie war am Ende des 18. Jahrhunderts in offenem Verfall begriffen. Der Landadel vegetierte auf seinen Ländereien[220], der Hofadel ruinierte sich in Versailles: »... der größte Teil seiner Einkünfte diente ihm dazu, seinen gesellschaftlichen Rang zu halten; die zahlreiche Dienerschaft, mit der er sich umgab, der Kleiderluxus, das Spiel, Empfänge, Feste, Schauspiele und Jagden erforderten immer mehr Geld. Der Hochadel geriet in Schulden, wobei auch die Ehen mit reichen nichtadligen Erbinnen nicht mehr ausreichten, ihm aus den Schwierigkeiten zu helfen.«[221] Zwar begannen sich Teile des Adels auch für die Unternehmungen der Bourgeoisie zu interessieren und Kapital in die neuen Industrien zu investieren, aber die Mehrheit der Adligen sah ihre Rettung in der immer deutlicheren Zurschaustellung und Bekräftigung seiner Privilegien. Beispielhaft für die Fehlein-

*194 Sansculotte in geflickten Pantalons und phrygischer Mütze mit Kokarde, 1793*

schätzung der tatsächlichen Gegebenheiten ist die Kleiderordnung, die bei der Einberufung der Generalstände im Mai 1789 verfügt wurde. Der Zeremonienmeister der Bourbonen, Dreux de Brézé, griff dabei auf eine Vorlage von 1614 zurück, die für den Ersten und Zweiten Stand prunkende, farbenprächtige Gewänder, für den Dritten Stand schlichte schwarze Kleidung dekretierte. Die schmähliche Kleiderordnung, die durch »Farbe und Schmucklosigkeit ein geradezu beleidigendes Kostüm«[222] für das Bürgertum festsetzte, war Gegenstand einer flammenden Rede Mirabeaus. Einer der ersten Beschlüsse der revolutionären Nationalversammlung galt der feierlichen Abschaffung der desavouierenden Standestrachten. Infolge dieses Dekrets wurde das schwarze Kleid der Deputierten des Dritten Standes zum Ehrenkleid des Bürgers. Die höfische Tracht als mit Vehemenz verteidigtes Privileg des Adels verlor unversehens ihre Bedeutung. Während die Adligen sich unter dem Druck der Revolution der bürgerlichen Mode anpaßten, sank ihre ehemalige Standeskleidung ab zur Berufstracht der Diener und Lakaien.

Die Culotte, bislang das einzig gesellschaftsfähige männliche Beinkleid, wurde während der Revolutionsjahre von den Pantalons, der langen Hose der arbeitenden Schichten abgelöst. Die langen Hosen gehörten seit langem zur Tracht der französischen Küstenbewohner. Als Robespierre Matrosen und Arbeiter aus der Gegend von Marseilles zur Verteidigung der Revolution nach Paris rief, erregten diese wegen ihrer bis zur Wade reichenden, unförmigen Beinkleider, die »Matelots«, großes Aufsehen.[223] Sehr schnell wurden die Hosen der Marseiller zum Symbol revolutionärer Gesinnung. In den Farben der Trikolore gestreifte breitlatzige Röhrenhosen wurden zum bevorzugten Beinkleid der Pariser Sansculotten und Bestandteil der Uniform der Nationalgarden. Die ursprünglich abwertende Bezeichnung »sans culotte« (ohne Kniehose) verlor ihren diffamierenden Charakter und wurde von den Trägern angenommen. Das verachtete Beinkleid wurde zum Namensgeber einer Bewegung.

Die Sansculotterie, eine Koalition von kleinen Gewerbetreibenden und Händlern mit ihren Gesellen, Gehilfen und Arbeitern, stand in klarem Gegensatz zur Aristokratie. Die Interessengegensätze zur Bourgeoisie wurden erst in Folge der allgemeinen Lebensmittelverknappung im Verlauf der Revolution offensichtlich. Das Mißverhältnis von Lohn und Preis führte zu einer deutlichen Verschlechterung der Lebensbedingungen der Sansculotten, während die Bourgeoisie den Standpunkt des »Rechts auf Eigentum« behauptete. Dieses Recht, das die Besitzlosen ausschloß, wurde zur Hauptstütze der neuen politischen Ordnung, hatte die Vorrechte der vornehmen Geburt abgelöst, die im Ancien ré-

*195 Französische Trachten der Revolutionszeit: Grenadier (1793), General (1794), Gardist (1794), Dame, Incroyable (1795) Herren (1804)*

*196 Incroyable mit blauweiß gestreiftem Seidenfrack, Zweispitz und Knotenstock*

*197 Incroyable*

gime die gesellschaftliche Machtverteilung geregelt hatte. Das Recht auf Eigentum ist auch der Schlüsselbegriff, unter dem sich im Directoire die Versöhnung von Adel und Bürgertum, die Verschmelzung von alter und neuer Herrschaftsschicht vollziehen sollte.[224]

Während der heißen Phase der Revolution war es für Adlige wie arrivierte Bürger jedoch gleichermaßen ratsam, sich in ihrem Kleiderverhalten dem Pariser Volk anzugleichen. Auf der Straße durch »reaktionäre« Kleidung aufzufallen war mit Gefahr für Leib und Leben verbunden. Die Sansculotten trugen nicht nur unkonventionelle Beinkleider, ihr gesamtes Erscheinungsbild widersprach bisher üblichen Konventionen. Je stärker sie das Revolutionsgeschehen bestimmten, desto mehr paßten sich auch bessere Kreise ihrem Äußeren an. Langes, ungekämmtes Haar unter der phrygischen Mütze und die blau-weiß-rote Kokarde wurden als Symbole revolutionärer Gesinnung getragen. Statt aus Samt und Seide wurden die Hosen seit 1789 bevorzugt aus leichten Baumwollstoffen oder einfachem Tuch hergestellt: »Seit 1791 gab es in Paris Magazine für fertige Kleider. Auch Preislisten wurden verschickt, und so begann das Zeitalter der Konfektion.«[225] Die technischen Voraussetzungen für die Konfektionierung bestanden schon erheblich früher, aber erst die Revolutionsjahre, die Abschaffung der Zunftgesetze, die Gleichheit und Simplizität der Kleidung sorgten für ihren Durchbruch.

In der Endphase der Revolution wandte sich die Mode »verächtlich von der Sansculottenkleidung ab. Die jungen Bourgeois taten sich durch extravagante Kleidung hervor, die Cambon am 8. Nivôse (28. Dezember 1794) öffentlich tadelte: ›Menschen, die sich einst in Lumpen hüllten, um als Sansculotten zu erscheinen, prahlen heute mit einer Aufmachung und Sprache, die gleichermaßen lächerlich ist.‹«[226]Auf den »Bällen der Opfer« durfte sich nur zeigen, wer Angehörige auf dem Schafott verloren hatte. Zur »Titusfrisur«, den Nacken wie für den Henker freigemacht, trug man einen roten Seidenfaden um den Hals.[227] Die sogenannten Incroyables und ihr weibliches Pendant, die Merveilleuses[228] machten den gebranntmarkten Luxus erneut salonfähig.

Der Incroyable, Sprößling der zu Macht und Einfluß gekommenen Bourgeoisie, trägt sein Haar verwildert, lang und ungekämmt. Der dicke Knotenstock dient ihm dazu, auf »Bürgerspaziergängen«[229] seiner Interpretation der gewandelten Machtverhältnisse Nachdruck zu verleihen. »Der Incroyable übertrieb die englische Mode bis zum total Absurden. Die große weiße Krawatte umschlang nicht nur den Hals, sondern auch das Kinn, sie erinnert durch ihre Ausmaße eher an eine Serviette. Der scheinbar absichtlich schlechtsitzende Frack mit den hohen Schultern und breiten Aufschlägen, dessen hinterer Schoß manchmal den Boden fegte, während das Vorderteil nicht einmal den ganzen Brustkorb bedeckte, kontrastierte in seinem obligaten Blau mit den gelben, bis zur halben Brusthöhe reichenden Hosen, die die winzige Weste zu einer untergeordneten Rolle verurteilt.«[230] Die Söhne der Konterrevolution versuchten auch in Modefragen lautstark den Ton anzugeben. Im »Journal des Luxus und der Moden« vom September 1801 wird berichtet, die französischen Pantalons reichten nach dem neuesten Schnitt soweit unter die Achseln, daß der Bund halbmondförmig ausgeschnitten werden müsse.[231]

Der Siegeszug der Röhrenhose, die in kurzer Zeit zum allgemeingültigen Beinkleid der europäischen Männerwelt avancierte, läßt sich aus den Pariser Gegebenheiten allein sicherlich nicht erklären. Jedenfalls

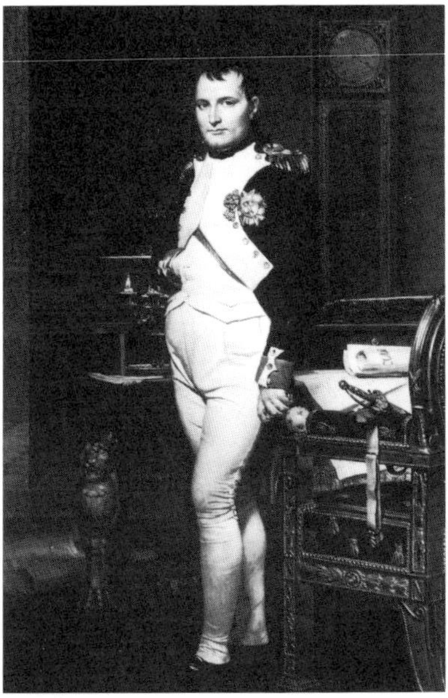

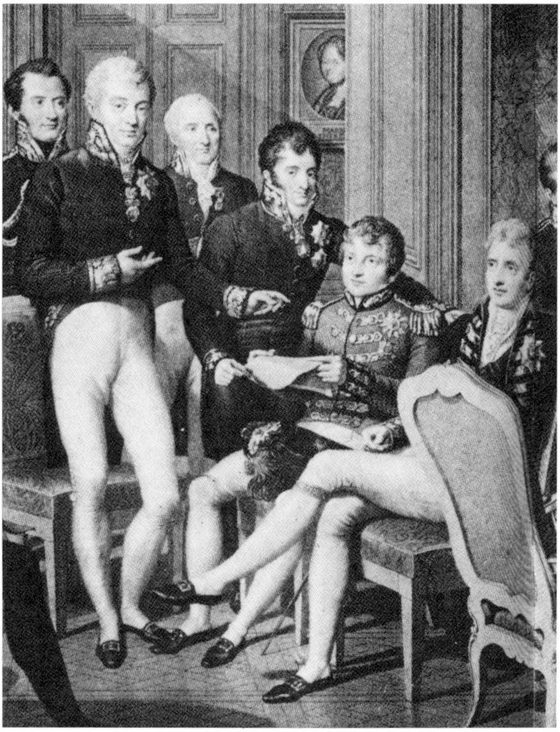

*198 Friedrich Wilhelm III. und Königin Luise im Schloßpark von Charlottenburg, 1799*

*199 Jacques-Louis David, Napoleon in seinem Arbeitszimmer, 1812*

*200 Wiener Kongress 1814/15, Stich von A. Godefrey nach dem Gemälde von Jean B. Isabey (Ausschnitt)*

ist mit den langen Hosen zum ersten Mal eine Mode kreiert worden, die sich nicht aus einer vorangegangenen entwickelte, sondern, ursprünglich politisch motiviert, gänzlich neu etabliert wurde.[232]

Die neuen Hosen verloren recht schnell ihren aufrührerischen Beigeschmack. Erging noch 1789 in Preußen ein Rundschreiben an alle Regierungsbeamten, wonach »das Tragen von langen Hosen sowie die Mode, die Perücke wegzulassen und das Haar kurzgeschnitten zu tragen, mit der Würde und Gravität eines öffentlichen Amtes nicht vereinbar sei«[233], so zeigte sich acht Jahre später Friedrich Wilhelm III., König von Preußen, auf der Promenade von Bad Pyrmont höchstselbst in langen Hosen.[234] Auch der Versuch des Landgrafen von Hessen-Kassel, die Röhrenhosen zu diffamieren, indem er 1790 Strafgefangene, die beim Straßenbau beschäftigt waren, in »französischer Manier«[235] einkleiden ließ, weist indirekt auf die beginnende allgemeine Verbreitung dieser Mode hin. Das neue Beinkleid hatte sich offenkundig bald von seinem Ursprung emanzipiert, die modische Entwicklung verselbständigte sich. Nicht als Kleid der Revolutionäre, sondern als zweckmäßige, schlichte, konfektionierte Bürgerhose, die sich von der Adelstracht abgrenzte, setzte sich der Pantalon durch.

Konservative Kreise hielten allerdings noch jahrzehntelang an ihrer herkömmlichen Tracht fest. Beim Wiener Kongress 1814/15 unter dem Vorsitz des Fürsten Metternich, dessen Ziel die Restauration der vorrevolutionären Strukturen war, treffen wir die versammelten Herren in enganliegenden Kniehosen wieder. Auch Napoleon Bonaparte griff für die Ausstattung seines kaiserlichen Hofstaates auf das altehrwürdige Beinkleid des Ancien régime zurück. Die hautengen höfischen Culotten aus weißer Atlasseide ließen keine Fragen über die körperlichen Proportionen ihrer Träger offen. Den bewunderten antiken Skulpturen, denen sich die Höflinge durch ihre Tracht anzunähern gedachten, glichen jedoch nur wenige, apollinische Formen waren eher die Ausnahme von der ernüchternden Regel. Verständlich, daß so mancher Aristokrat oder Großbourgeois bemüht war, Mängel der Natur durch Oberschenkel- oder Wadenpolster zu kaschieren.[236] René König schließt von dieser Tatsache auf eine Art geschlechtliche Prunkfunktion, die diesen Körperteilen zugekommen sein muß.[237] Der Gebrauch falscher Waden könnte in der Tat ein Hinweis darauf sein, daß, wie schon häufig in der Geschichte, auch in diesem Fall eine Projektion vorliegt. Bilddokumente der Zeit zeigen zudem, daß sich das männliche Geschlecht durch die dünnen Stoffe der hautengen Trikothosen deutlich abzeichnet. Ob auch hier optisch nachgeholfen wurde, läßt sich nicht klären. Um 1780

*201 Napoleon in Uniform, Gemälde von Francois Gérard. 202 Vicar, Louis Bonaparte. 203 Karikatur aus dem Journal des Luxus und der Moden, 1812*

bemerkte Mercier über die Beinkleider des Ancien régime: »Der Herr steckt darin wie in einem Handschuh. Adam war in einem Feigenblatt bedeutend anständiger gekleidet.«[238] – eine Aussage, die für die napoleonische Hofmode nichts von ihrer Gültigkeit verloren hat.

Doch diese historisierende Hofkleidung, in der noch einmal exclusive Materialien und kostbare Stickereien aufleben, bleibt auf den Geltungsbereich höfischer Etikette beschränkt. Modisch richtungsweisend ist sie keineswegs. Das Bürgertum, nunmehr frei von Kleiderordnungen, fühlt sich nicht mehr bemüßigt, der höfischen Mode zu folgen und behält seine langen Hosen bei. Verfügte noch 1812 die Leitung des Trinity College in Cambridge, daß »Studenten, die in den gemeinsamen Sälen oder in der Kirche in Pantalons ... erschienen, als nicht anwesend betrachtet würden«[239], so mußte wenig später die Culotte endgültig der neuen Mode weichen. Symptomatisch für die Übergangsphase ist die pikierte Antwort des Dresdener Hofes auf die 1833 an ihn gestellte Anfrage, ob man in langen Hosen erscheinen dürfe, man habe dem Frager mehr »Attachement« an das Königshaus zugetraut.[240] 1848 schließlich sehen wir Metternich in einer Karikatur wieder, der, immer noch in Culotten, auf die Nachricht von der Februarrevolution in Paris mit den Worten reagiert: »Revolution? Louis Philipp fortgejagt? Republik? - - (zum Bedienten) Bringen sie mir ein Paar andere Hosen!«[241]

*204 Metternich-Karikatur von Andreas Achenbach, 1848*

Seit den vierziger Jahren des 19. Jahrhunderts finden sich Kniehosen nur noch als Relikt in der bäuerlichen Tracht, in Amtstrachten, Uniformen, Livreen und speziellen Sportkleidungen. Die lange Hose ist zum allgemeinen Bestandteil der männlichen Tracht geworden, einem demokratischen, internationalen Kleidungsstück, das bis heute von Männern aller Schichten und Klassen getragen wird.

## Das Puritanerkleid des Bürgers

*»Es ist der Löwe, der durch eine mächtige Mähne imponiert, der Erpel, der durch intensive Farbgebung auffällt, der Hirsch, der ein ausladendes Geweih trägt.«*[242]

Auch wenn es sich im Bewußtsein unserer Zeit anders darstellt, waren es über Jahrhunderte stets die Männer, die sich durch farbenfrohe, prunkvolle und auffällige Kleidermoden hervortaten. Frauen kleideten sich, verglichen mit Männern gleichen Standes, immer eine Nuance zurückhaltender, schlichter. Der Kleideraufwand war Dokument der Vormachtstellung des Mannes, die er in der vorindustriellen Gesellschaft inne hatte. Ihm standen unbestritten die aufwendigeren Gewänder zu. Wie auf dem Hühnerhof der Hahn mit dem prächtigsten Gefieder die Hackordnung bestimmt, so unterstützte die farbenprächtige Kleidung männliches Dominanzgebaren. Ein markantes Äußeres war Ausdruck von Reichtum und Macht, schon das Erscheinungsbild sollte Aufmerksamkeit erregen und einschüchtern.

Um 1800 änderte sich unversehens das männliche Modeverhalten. Mit dem Niedergang feudaler Macht kehrte sich auch die »natürliche Ordnung« der Moden gleichsam um: Die Kleidung des Mannes wurde immer sachlicher und nüchterner, Frauenmoden immer phantasievoller und prächtiger.[243] Die Mode folgte neuen Normen. Nun galt die Devise »bunte Schaufensterdekorationen sind nur für Wilde, Frauen und Kinder«[244], und unumstößlich wurde festgeschrieben, »der schreiend bunt gekleidete Mann sieht immer und unter allen Umständen ordinär aus.«[245]

Die modische Entsagung des Bürgers, der »männliche Verzicht«[246] auf die Rolle der Modeavantgarde, hat ihren Ursprung im Puritanismus,

*205 Herren in dunklen Anzügen. Kolorierter Stahlstich, Paris 1861*

dem strengen Protestantismus calvinistischer Prägung, der im England des 17. Jahrhunderts zu starkem Einfluß gelangt war.

Mit wachsendem Selbstbewußtsein hatte der bürgerliche Mann begonnen, sich zu einer eigenständigen Kleidung zu bekennen, die, in Abgrenzung zur exklusiven Adelstracht, betont schlicht und farblos ausfiel. Für seine Alltagskleidung bevorzugte der Bürger gedämpfte Farben und einfache Woll- und Baumwollstoffe. Kontrastierende Kleidungsstücke, wie der schwarz-weiße Frack, blieben festlichen Gelegenheiten vorbehalten. »Der Männeranzug heute ist«, nach König, »ein direkter Abkömmling des Puritanerkleides und damit noch immer eine politische Demonstration gegen höfischen Prunk.«[247] Überflüssigen Dekor und täuschende Hervorhebungen lehnte der Bürger ab, er kleidete sich seiner entsagenden Selbstzucht entsprechend asketisch.

Der Bürger der Neuzeit lebt in einer Welt der Arbeit. Er trägt schwer an der Verantwortung für sich und seine Unternehmungen, in besonderem Maße auch für seine Familie. Mit der bürgerlichen Lebensauffassung verband sich die Verdammung des Müßigganges und der Anspruch auf rationale Lebensplanung, verknüpft mit Tugenden der Sparsamkeit und Askese: »Zeitvergeudung ist die erste und prinzipiell

*206 »Die drei Wiggins.« Radierung von Thomas Rowlandson, 1803*

*207 Generalpostmeister Heinrich Stephan. Fotografie, 1882*

schwerste aller Sünden.«[248] In dieser Tradition klagt Carlyle noch in den dreißiger Jahren des letzten Jahrhunderts die Verschwendungssucht, das Nichtstun und den Hedonismus der englischen Aristokratie an: »Was sollen wir von diesen Besitzern des Bodens Englands sagen, deren anerkannte Funktion jetzt darin besteht, ihre Pachtzinsen durchzubringen, Rebhühner zu schießen und als angenehme Belustigung im Parlament und in vierteljährigen Sitzungen herumzudilettieren ... Daß man einer Klasse von Menschen, die luxuriös von dem Besten der Erde leben darf, erlaubt, ja, sie beschwört, und zwar vergebens beschwört, nichts zu tun... Wir sagen ferner ..., daß solch eine Klasse aufhören muß, auf der Oberfläche eines Planeten gesehen zu werden, denn auf ihm wohnt die Arbeit und nicht der Müßiggang.«[249]

Genußfreudigkeit und Vergnügungen gelten dem puritanischen Bürger als Zeichen von Amoral und Dekadenz, sein Sexualleben ist von rigiden Moralvorstellungen bestimmt, gemäß dem Motto Benjamin Franklins: »Fleischeslust genieße selten, außer um der Gesundheit und der Nachkommen halber, nie bis zur Ermattung oder Schwächung, noch auch zum Schaden deines eigenen oder fremden Friedens und Rufes.«[250] Der Bürger konzentriert seine Energien auf Arbeit und Leistung, als »entrepreneur« lehnt er alle Lebensäußerungen, die er für unproduktiv hält, ab. Mode ist nach seinen Kriterien ein ausgesprochen überflüssiger, nutzloser Zeitvertreib, die männliche Beschäftigung mit ihr Zeichen von Unseriosität, ja, schlimmer noch, Unsolidität. Kurzum ein Bereich, den man besser den Frauen überläßt. Seither ist modisches Interesse untrennbar mit dem männlichen Vorurteil »weibisch« verknüpft.

Der Herrenanzug des 19. und 20. Jahrhunderts ist demgemäß eine Zwecktracht, sein ästhetisches Prinzip ist die Praktikabilität. Um in den Genuß gesellschaftlicher Anerkennung zu gelangen, braucht der Mann nicht mehr »schön« zu sein, weit wichtiger ist sein materieller Erfolg. Die sich beschleunigende Industrialisierung, Technisierung und Verwissenschaftlichung bewirken eklatante Veränderungen von Normen und Werten, den Bruch mit bislang gültigen Traditionen. Besondere Bedeutung kommt dabei der Tendenz zur Versachlichung zu, dem Anliegen, »den Apparat einer wirtschaftlichen Unternehmung jedem direkten menschlichen Eingriff, auf persönliche Umstände Rücksicht neh-

*208 New Yorker Werbelithographie, um 1890*

menden Einfluß zu entziehen.«[251] Der Zug der Zeit fordert den Mann der Tat in einer sachlich-nüchternen Tracht als äußerer Manifestation seiner Funktionalität, seiner Disziplin und Gewissenhaftigkeit.

Gleichzeitig ist der Mensch des rasant fortschreitenden Industriezeitalters emotional verunsichert und auf der Suche nach beständigen Werten, die ihm Halt geben. Der Konservativismus, den der Bürger durch seine modische Abstinenz dokumentiert, ist auch als Gegengewicht zur Instabilität der industriellen Gesellschaft zu werten, als Versuch des »Ich-Schutzes«[252]: Der altvertraute Anzug vermittelt dem Bürger hilfsweise das Gefühl von Geborgenheit und Kontinuität, an dem es ihm ansonsten mangelt.

Weil der Bürger sich primär durch seinen Beruf definiert, folgt seine Kleidung den Kriterien einer Berufstracht. Die hohe Bedeutung der Arbeitswelt läßt diese Zwecktracht zugleich sein Ehrenkleid sein, gemäß dem Wahlspruch »Arbeit adelt«. Der englische Kostümwissenschaftler James Laver charakterisiert das in der Kleidung zum Ausdruck kommende bürgerliche Selbstverständnis mit den Worten: »A man is first and foremost a lawyer, a banker, or a bricklayer, and only after that a man. In a word, man's function in the state is more important than his function in the home: he tends to adopt the uniform of a profession.«[253] Mit seiner betont sachlichen Kleidung verweist der Bürger auf seine Funktionalität, nicht aber auf sein Geschlecht. Der gerade geschnittene, eintönig farblose Männeranzug ist nur noch marginal als eine Geschlechtstracht anzusehen, denn gerade im Verzicht auf die Hervorhebung männlicher Attribute liegt seine normsetzende Bedeutung.

Die modische Selbstkastration führt zu einer Nivellierung der Erscheinungsformen männlicher Kleidung, wie sie die Geschichte bislang nicht kannte. Standesbezogene Unterschiede sind durch die Abschaffung von Kleiderordnungen nicht nur de jure aufgehoben, der Männeranzug der Neuzeit gilt als erste demokratische Mode, die, kostengünstig von der Stange gekauft, jeden Mann in die Lage versetzt, sich zeitgemäß zu kleiden. Selbst Variationen im Detail lassen keine eindeutigen Rückschlüsse auf den gesellschaftlichen Status des Bekleideten zu, sind vielmehr Ausdruck des individuellen Geschmacks und der jeweiligen Bereitschaft, mehr oder weniger große Teile des Einkommens für Kleidung zu verwenden.

Schließlich manifestieren sich in der unauffälligen, uniformen Männertracht veränderte Wettbewerbsbedingungen: Männer konkurrieren um gesellschaftliches Ansehen nicht mehr mit den Mitteln äußerer Prachtentfaltung und des demonstrativen Konsums. Ausschlagge-

*209 Herrenmode 1870. Kolorierter Stich (Ausschnitt)*

bende Kriterien für den Status sind in der Industriegesellschaft Leistung und beruflicher Erfolg. »Die englische Kleidung legt sich um die Persönlichkeit, wie ein schmuckloser Rahmen um ein gutes Bild. Sie ermöglicht durch ihre Nüchternheit die freie Bewegung des Individuums. Sie erlaubt ihm, ungestört in der Menge zu leben, weil sie nicht durch ärgerliche Ansprüche zum Widerspruch aufreizt.«[254] In der Berufswelt würde extravaganter Kleideraufwand nur Ressentiments auslösen, die sich negativ auf die Reputation und letztlich auf die Bilanzen auswirken könnten. Die uniforme Zwecktracht neutralisiert die individuellen Besonderheiten der im Berufsleben engagierten Männer, trägt zur Versachlichung der Umgangsformen bei und unterstützt die Konzentration der Kräfte auf das Wesentliche, die Geschäfte. Zwar sind Kapitalbesitz, Eigentum und Gewinn bestimmend für den gesellschaftlichen Status des einzelnen, doch mit zunehmendem Reichtum wächst zugleich das ängstliche Bestreben, diesen zu kaschieren. Die Zurückhaltung der Besitzbürger in Kleiderfragen, ihr Verzicht auf demonstrativen Konsum, bleibt nicht ohne Einfluß auf die männliche Mode: Neutralisierende Gleichförmigkeit wird zum Diktat.

*210*

Unverzichtbare Basis für den materiellen Erfolg des bürgerlichen Mannes war seine Familie, »die rätselhafteste Institution jener Epoche«.[255] Eine Gesellschaft, die sich zur profitorientierten Konkurrenzwirtschaft, zur individuellen Leistung, zur Freiheit und zum Prinzip gleicher Rechte und Chancen für alle bekannte, gründete auf eine Institution, die zu all dem in schroffstem Gegensatz stand: dem Einfamilienhaushalt. Innerhalb der Familie waren alle Prinzipien, die die Arbeitswelt des Mannes bestimmten, außer Kraft gesetzt. Der Mann als »Haus-

*211 Familienbild. Petit Courrier des Dames, Paris, 1854*

vater« krönte im trauten Kreise ein hierarchisches System persönlicher Abhängigkeiten, das er in der Außenwelt vehement bekämpfte.[256] Die Familie war den Bürgern »eine Oase in einer Welt des Krieges, ... ihr Heim nannten sie einen ›Hort der Freude‹, einen Ort, wo ›das Herz sich seines gestillten Verlangens erfreut‹, so wie es sich draußen niemals freuen könnte.«[257] Das Leben der gutsituierten bürgerlichen Frau beschränkte sich mit wachsendem Wohlstand zunehmend auf Haus, Familie und gesellschaftliche Repräsentationspflichten, wobei auf Tugenden wie Verstand und Kenntnisse wenig Wert gelegt wurde: »Ist sie klug? Klugheit ist etwas Kostbares, aber hüte dich vor Übermaß: Denn die Frau soll untertan sein, und wahre Herrschaft liegt beim Geist.«[258]

Die Funktion der bürgerlichen Ehefrau, nach außen zu demonstrieren, daß der Gatte in der Lage war, ihr ein Leben in Müßiggang und Luxus zu ermöglichen, hatte, kleiderhistorisch betrachtet, interessante Konsequenzen. Während der Mann im 19. und 20. Jahrhundert seine puritanische Zwecktracht nahezu unverändert beibehielt, näherte sich die Mode der bürgerlichen Frauen den Kleidernormen adliger Kreise an. Ohne auf Maßstäbe wie Praktikabilität und Solidität Rücksicht nehmen zu müssen, konnten die vom Berufsleben ausgeschlossenen Frauen extravaganten Moden folgen, ja, sie erfüllten damit geradezu die ihnen zugedachte Rolle. Auf dem Umweg über ihre Frauen huldigten auch die nüchternen Besitzbürger dem demonstrativen Konsum, »nur kämpften

*212 »Modes de Paris.« (Pariser Mode der Biedermeierzeit). Petit Courrier des Dames, Paris 1821 213 »Costumes des Parisiens.« Journal für Literatur, Kunst, Luxus und Mode, Juli 1817*

jetzt nicht mehr die Männer miteinander im modischen Turnier, sondern sie übertragen diese Aufgabe ihren Frauen, während sie selber der Arbeit nachgehen.«[259] So beweist der Mann in zweierlei Hinsicht, daß er Herr im Haus ist. Einerseits schafft er durch seinen beruflichen Erfolg die Basis für weiblichen Müßiggang und Kleideraufwand, andererseits kann er dieses Verhalten als Manifestation weiblicher Schwäche denunzieren, als »weiblich-unvernünftige« Torheit, die der selbstbewußte, durch innere Qualitäten gefestigte Mann nicht nötig hat.

Die Frau wird so zum Objekt männlicher Prunkprojektion. Stellvertretend für den Mann kommt es ihr zu, durch luxuriöse Modekleidung zu glänzen, während er selbst sich von dieser Form des Wettbewerbs distanziert. Auf der anderen Seite erfüllt es ihn mit Stolz, wenn die ihm zugordnete Frau Bewunderung erregt, rechnet er es sich doch weitgehend als seinen Verdienst an, daß ihr dies möglich ist. Mit der modischen Ausstaffierung seiner Frau gelingt es dem Bürger, trotz eigener Abstinenz am demonstrativen Konsum teilzuhaben und den eigenen

Imponierwunsch durch Projektion und Identifikation zu befriedigen. So erklärt sich auch die ambivalente Haltung, die Männer gegenüber Frauenmoden üblicherweise einnehmen: sowohl die Geringschätzung als auch das beträchtliche Interesse, das sie der Kleidung ihrer Gefährtinnen entgegenbringen. Exklusive modische Kleidung ist sichtbares Zeichen des Müßiggangs und steht für eine bislang dem Adel vorbehaltene Lebensart, die der Bürger, entgegen allen öffentlich geäußerten Bekundungen, insgeheim nach wie vor ersehnt.

Doch zurück zur Männerkleidung und zur Betrachtung der dezenten Variationen, die sie während des 19. und 20. Jahrhunderts erfährt. In der ersten Hälfte des 19. Jahrhunderts, der Epoche des Biedermeiers und der Restauration[260], stagnierte auch die modische Entwicklung. Die Bürger verharrten in der an England orientierten Mode. Im Vergleich zur heute üblichen Farbpalette erscheint der Männeranzug der Biedermeierzeit recht geckenhaft und bunt. Er setzt sich aus den noch heute gültigen Grundelementen Jacke, Weste und Hose zusammen, für die man stets unterschiedliche Stoffe und Farben wählte. Zwar sind die Farben nicht mehr von der leuchtenden Intensität höfischer Couleur, doch durch die kontrastierende Zusammenstellung verschiedener Mischtöne, wie Tabakbraun, Flaschengrün, Pflaumen- oder Veilchenblau, entstand ein freundliches, lebhaftes Gesamtbild. Besonders auffällig ist der körperbetonte Schnitt. Charakteristische Linie des eleganten Biedermannes ist die S-Form, die durch Wattierung der Brust und Einhalten der Taille erzeugt wird. Die Gilets und Röcke waren »so sehr auf Taille gearbeitet,

*214 Karikatur von James Gillray, um 1820*
*»Faces painted deepest brown, Waistcoats strip'd and gaudy; Sleeves, thrice doubled, thick with down, And stays, to brace the body.«*

*215 Biedermeiermode. Petit Courier des Dames, 1830*

daß, wer auf guten Sitz hielt, wohl oder übel genötigt war, sich zu schnüren.«[261] Als Korsettersatz kam um 1830 der »baskische Gürtel«[262] in Mode, der, auf der bloßen Haut getragen, zur Modellierung der angestrebten Idealfigur beitrug.

Den Schnitt der langen Röhrenhosen betreffend befand man sich in der ersten Jahrhunderthälfte noch in einer experimentellen Phase. »Im Jahre 1818 trug man sehr kurze, kaum bis an die Knöchel reichende Hosen, die bis an die Knie eng waren und von da ab nach unten zu sich erweiterten. Sieben Jahre später waren die Hosen gleichmäßig eng und wurden durch Lederriemen, unter der Stiefelhose, sog. ›Stege‹, festgehalten, um bei jeder Bewegung des Beines fest auf dem Stiefel aufzuliegen. Noch später ließ man die Hosen von oben nach unten zu sich allmählich verengen, so daß sie um den Knöchel möglichst knapp anschlossen; im Jahre 1830 lagen sie wiederum am ganzen Bein eng an ... Um das Jahr 1840 machte man die Beinkleider oben und unten eng und um die Knie etwas weiter.«[263] Allen Modellen gemeinsam war jedoch ein enger Bundabschluß, der die Taille betonte. Als Hosenverschluß war ein schmaler, wenig eingeschnittener Latz, um 1830 auch ein breiterer gebräuchlich. Zur gleichen Zeit wurden auch Schlitze mit sichtbarer Knöpfung getragen. Beide Verschlußformen waren unauffällig-funktionell, eine dezente Schmückung durch Tressen oder besonders dekorative Knöpfe bildeten die Ausnahme. Die Stoffe variierten: Helle Unistoffe wurden ebenso getragen wie gestreifte, kleingemusterte und karierte.

Die Hosenstege begannen in den vierziger Jahren unmodern zu werden und galten schließlich als Zeichen konservativer Gesinnung. Der soldatisch straffe Sitz der Hosen ensprach nicht mehr den Bedürfnissen des behäbigen Bürgertums, das eher nach Bequemlichkeit und Gemütlichkeit strebte. In der Vormärzzeit wurde die Stegmode zum Thema eines politisch gemeinten Artikels der Wiener Modezeitschrift »Spiegel«. In der Ausgabe vom 26. März 1845 gab das Blatt die wohl fiktive Äußerung eines »berühmten Wiener Kleidermachers« wieder:

*216 Jacques Offenbach in weiten Pantalons. Zeitgenössische Fotografie*

*217 Elegant im Sommeranzug, Europäische Modezeitung, Dresden, 1858*

»Den Fashionables muß geholfen werden, und so werden denn die Sterge oder Strippen oder Steigriemen fallen. Noch einige Monate und wir sind auf freiem Fuße, eine freie zügellose Pantalon schlottert uns um die Beine. Wir werden laufen lernen, und das ist viel werth. Vivat die befreite Pantalon! Wer keine hat für den ist freilich auch diese Freiheit nicht gewachsen.«[264]

In den fünfziger Jahren etablierte sich dann endgültig der Pantalon als Teil des modernen Straßenanzuges, dem Standardbekleidungsstück des Mannes der kommenden 140 Jahre. Der Schnitt des Anzuges wurde weiter vereinfacht, die Taillenbetonung, die einen guten Schneider erforderte, aufgegeben. Die Herren beschränkten jetzt das Kolorit ihrer Anzüge auf zwei Farben, meist Grau und Schwarz und bevorzugten gleiche Stoffe für Jacken und Hosen. Als Hosenverschluß kam nunmehr ausschließlich der Schlitz in Frage, der diskret mit einer Leiste aus gleichem Stoff kaschiert wurde.

Die Idealform des neuzeitlichen Geschäftsanzuges war somit erreicht. Der sackartige Schnitt gestattete größtmögliche Bewegungsfreiheit, der verdeckte Hosenverschluß neutralisierte weitgehend das Ge-

*218 Werbung der Charles William Stores, New York, 1915*

schlecht, die Einfarbigkeit der Kleidung harmonisierte mit dem Selbstbild bürgerlichen Anstandes: »Der uni Gekleidete ist zugleich der Selbstbewußteste und Stolzeste, er lenkt die Aufmerksamkeit der ande-

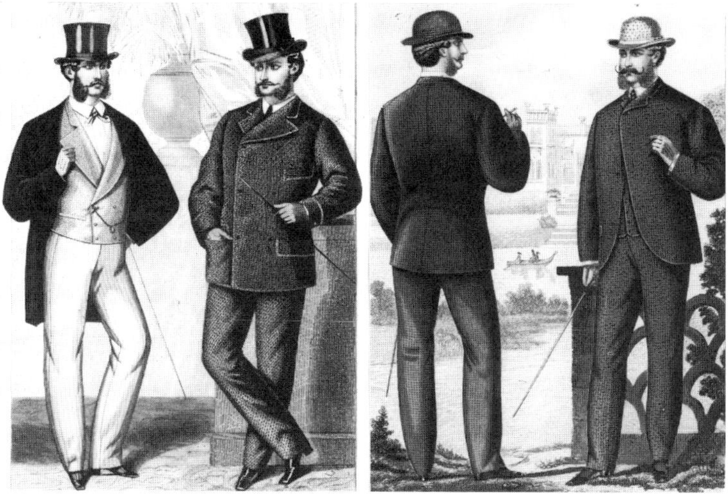

*219 Herrengarderoben, Europäische Modezeitung, Dresden, 1872*

ren, mit denen er es zu tun hat, auf keine Einzelheit seiner Kleidung ab, sondern konzentriert sie auf seine Gesamtpersönlichkeit.«[265] Als um 1870 die technische Entwicklung der Nähmaschinen[266] ein hohes Niveau erreicht hatte, waren endgültig alle Voraussetzungen für die Massenproduktion von Männeranzügen gegeben. Der an Normierung grenzenden Einheitlichkeit männlicher Bekleidung stand nichts mehr im Wege.

Die einzige wichtige Veränderung, die die moderne Männerhose in den folgenden Jahrzehnten erfuhr, resultierte nicht aus Schnitt- oder Farbveränderungen, sondern aus der Einführung der Bügelfalte, die seit 1910 wieder für einen strafferen Sitz des Beinkleids sorgte. Der Legende nach geht diese neue Mode auf ein Mißgeschick des Prince of Wales zurück, der, weil ihm ein Hosenknopf abgesprungen war, auf eine Hose aus dem Schrank zurückgreifen mußte. Der »König der Moden« soll mit seinem Auftritt in den durch die Lagerung im Schrank geplätteten Hosen derart Furore gemacht haben, daß in kürzester Zeit die gesamte modebewußte Männerwelt ihre Beinkleider mit einem scharfen Kniff versah.[267] Die Bügelfalte war offensichtlich genau der Clou, der zur Vervollkommnung der Hose noch fehlte. Die scharfe, senkrechte Kante unterstrich die sachlich korrekte männliche Haltung und bot eine ideale Möglichkeit, sich trotz weitgehend vereinheitlichter Kleidung durch die Sorgfalt, die man auf eine korrekte Bügelfalte verwendete, deutlich von körperlich arbeitenden Schichten abzuheben.

Denn die Funktion von Kleidung als Indikator der sozialen Differenzierung kam selbstverständlich auch in der bürgerlichen Gesellschaft zur Geltung. Hatte die ständisch geregelte Gesellschaft dieses Problem durch den Erlaß von Kleiderordnungen noch relativ einfach, wenn auch nicht immer erfolgreich lösen können, so bedurfte es in der Welt des Bürgers größerer Anstrengungen, ein System differenzierter Normen zu entwickeln, um dasselbe Ziel, die trennscharfe Scheidung der Schichten zu erreichen. An die Stelle der Kleiderordnungen trat der »gute Geschmack«.

Schon gegen Ende des 18. Jahrhunderts hatte eine Gruppe junger Männer, die Dandys, die Abgrenzung durch unauffällige Eleganz und guten Geschmack zu ihrem Lebensinhalt erhoben. Als Dandy par excellence galt der Engländer Georges Bryan Brummell[268], der, 1778 geboren, jahrzehntelang das Modebewußtsein der »besseren Gesellschaft« bestimmte. Ihm, dem »Arbiter elegantiarum«, dem Schiedsrichter des guten Geschmacks, unterwarf man sich bedingungslos, galt er doch als Verkörperung der Eleganz schlechthin. Zwar war das Ende seiner Karriere wenig rühmlich (in Spielschulden verstrickt, mußte Brummell 1816

*220 Englischer Morgenfrack, 1895*

*221 Herrenmode Herbst/Winter 1924/25. Europäische Modezeitung*

*222 Herrenmode Herbst/ Winter 1927/28. Europäische Modezeitung*

nach Calais fliehen, wo er 1840 völlig verarmt starb), doch während seiner Jahre als gefeierter Modeheld der englischen Gesellschaft entwikkelte er einen Kodex bügerlicher Eleganz, der bis heute gültig ist.

Oberstes Prinzip dieser Eleganz ist die Distinktion. In den Stand der Vornehmheit gelangt man nicht durch Auffälligkeit, sondern durch nuancierte Ausprägung der Persönlichkeit. Schlüssel des epochalen Erfolgs Brummells war sicherlich sein Narzißmus: »Man soll in aller Ruhe sich selbst studieren, die interessanteste, vielleicht die einzig wirklich interessante Bekanntschaft, die ein Mann überhaupt machen kann.«[269]

Zudem muß man »den Geschmack besitzen, Kleinigkeiten herauszufühlen. Geschmack, das ist eben das Wort, welches immer wieder als einzige wirkliche Leitschnur für die persönliche Gestaltung der allgemeinen Mode gegeben werden kann.«[270] Modische Extravaganz lehnte Brummell ab, ging es ihm doch um Nuancierung, nicht um Innovation.

Auch in der Hosenmode sollten Extreme vermieden werden: »Der wirkliche Gentleman wird sich hier wie eben in allen Dingen stets auf der mittleren Linie halten.«[271] Eben weil die Herrenanzüge wenig variabel sind, stellen sie »die höchsten Ansprüche an den Instinkt, welcher der vornehmste und subtilste im Menschen überhaupt ist, nämlich an den Geschmack.«[272]

Geschmack zu zeigen bedeutete auch, nicht durch neue und maßgeschneiderte Anzüge aufzufallen. Ein Gentleman galt nach Meinung der Dandys nur dann als wirklich gut angezogen, wenn nichts an ihm neu oder kostspielig aussah. Die hervorragende Schneiderarbeit wie die überaus sorgfältige Toilette durften allenfalls erahnt, nicht aber gesehen werden: »Es ist das Kennzeichen des vornehmen Mannes, daß man ihn nicht übersehen, ihm aber auch nicht nachsehen darf.«[273] Der vollendete Elegant lenkte durch bewußte kleine Nachlässigkeiten von der Perfektion seiner Erscheinung ab und gelangte gerade durch diese scheinbare Negligenz in den Genuß höchster Bewunderung.

Um 1850 verschwand der Dandy als Leitfigur von der Bühne der Modegeschichte, seine Grundsätze haben jedoch bis in unsere Zeit kaum an Einfluß verloren. Auch der auf diskrete Unterscheidung bedachte Elegant der Gegenwart folgt dem Motto Brummells: »Alles vermeiden, was Lärm macht oder die Blicke auf sich zieht.«[274]

In der zweiten Hälfte des 19. und zu Beginn des 20. Jahrhunderts erschien eine Fülle von Ratgebern mit Titeln wie »Was ziehe ich an«[275] oder »Wie wir uns kleiden«[276], die dem in Modefragen unsicheren Mann hilfreich zur Seite stehen sollten. Der korrekte Umgang mit den »Regeln des richtigen Angezogenseins«, einer Kunst, die nur diejenigen vollendet beherrschen konnten, die die Muße und das Einkommen hatten, sich ausgiebig mit diesem Sujet zu beschäftigen, ließ sich durch bloße Lektüre nicht erlernen. Vor verräterischen kleinen Fehlern konnten die Ratgeber nicht schützen: »In der Blütezeit dieses Geheimkultes, also vor dem Ersten Weltkrieg, genügte bereits eine geringe Abweichung von der Regel, um aus der guten Gesellschaft auszuscheiden. Man nahm übel, wenn eine Perle in der gestreiften statt in der einfarbigen Krawatte getragen wurde.«[277] So war es möglich, innerhalb der scheinbar demokratischen Herrenmode Differenzierzungsmerkmale einzuführen, die denjenigen desavouierten, der sich eine kleine Nachlässigkeit zu Schulden kommen ließ.

# MANN BEKENNT FARBE

»Männer-Mode, mit der man was erleben kann«
*(Jockey-Werbung* 1988)

Das von Andy Warhol entworfene Cover für »Sticky Fingers«, die 1971 erschienene Langspielplatte der Rolling Stones, spielt anzüglich-ironisch mit den Möglichkeiten des Produktmarketing und erfüllt damit die Anforderungen an werbewirksame Verpackung in geradezu idealer Weise: In die schwarzweiße Papphülle, die einen in hautenge Jeans gezwängten männlichen Unterkörper zeigt, ist ein aufziehbarer Reißverschluß montiert, der die handgreifliche Neugier des Konsumenten weckt, um sie zunächst zu enttäuschen; denn hinter dem Reißverschluß

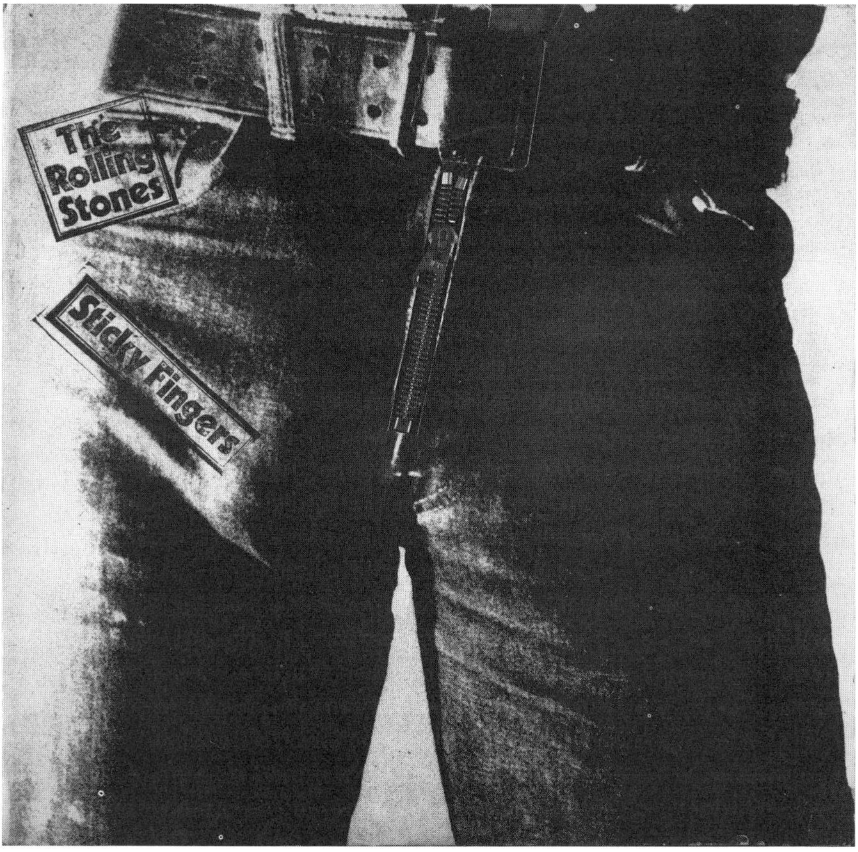


*223*

ist außer vielversprechend inszenierten Licht- und Schatteneffekten nichts zu sehen. Nur wer die Außenhülle am rechten Rand aufreißt, entdeckt das Innencover mit der Farbablichtung desselben Körperausschnitts im knappen Slip. Warhol, der im Zeitalter der »sexuellen Revolution« marketinggerecht die Reaktionen der Zensurinstanzen in sein Werbekonzept einbaut, indem er den Voyeurismus ironisch auf die Phantasie zurückverweist, lockt das Käuferinteresse durch eine doppelte Verpackung. Das mehrschichtige Gebrauchswertversprechen der Hülle macht neugierig auf die eigentliche Ware, die Schallplatte.

Die Verpackung wird zum Paradigma moderner Werbestrategien. Das Konsumversprechen enthüllt sich dem öffnenden Zugriff als leer, »das enthüllte Nichts (scheint) beschämend und süchtigend auf den Besitzer zurückzufallen«[278], ein Moment der (Ent-)Täuschung, das sich für die zeitgenössische Mode verallgemeinern läßt.

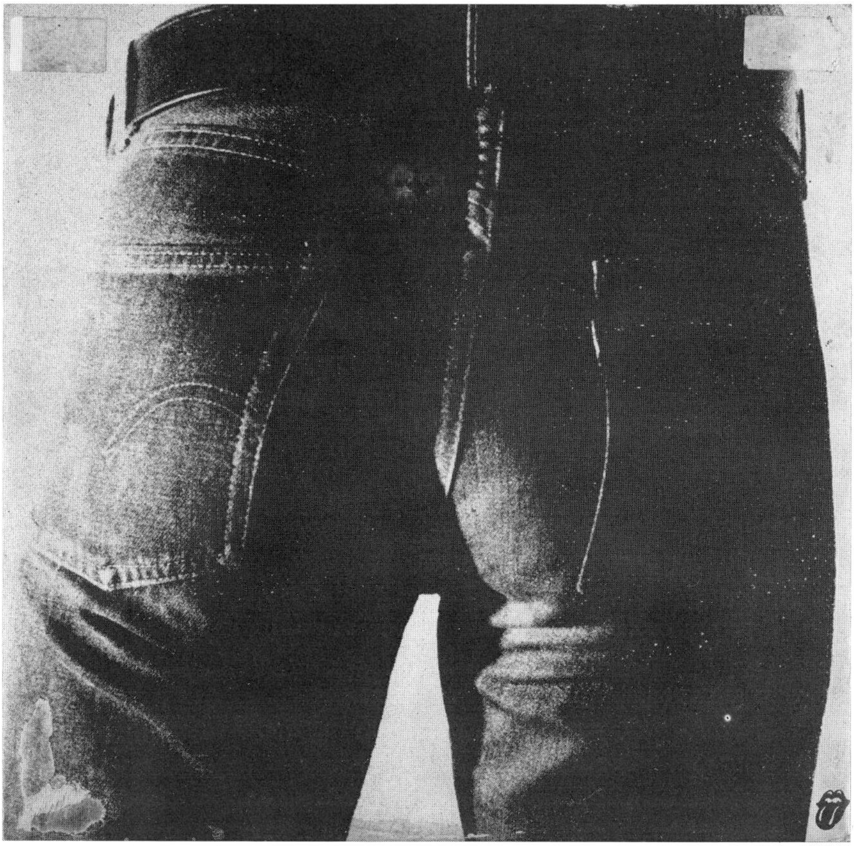

224

Warhols Schallplattenhülle markiert gleichzeitig einen Wendepunkt im modischen Selbstverständnis einer Generation, die sich Mitte der sechziger Jahre auf den Weg macht, traditionelle Normen, so auch die Kleidernormen, in Frage zu stellen. Die männliche Jugend verweigert sich in zunehmendem Maße dem Anspruch, Kleidung allein nach Kriterien der Zweckmäßigkeit, Unauffälligkeit und Anpassung auszurichten. Der geschlechtslosen, uniformen Bürgertracht setzen weite Teile der Jugend eine buntscheckige, körperbetonte Geschlechtstracht entgegen. Ohne diese Revolte gegen die (Kleider-)Normen des »Establishments« wäre Warhols spektakuläre Hosenlatzmontage als Mittel zur Vermarktung eines Erzeugnisses der Musikindustrie kaum denkbar.

Die vielfältigen Veränderungen, die die Männermode in den letzten zwanzig Jahren erfuhr, sind noch unüberschaubar. Zwar gilt bis heute auch für jüngere Banker, Manager und Geschäftsleute der diskrete

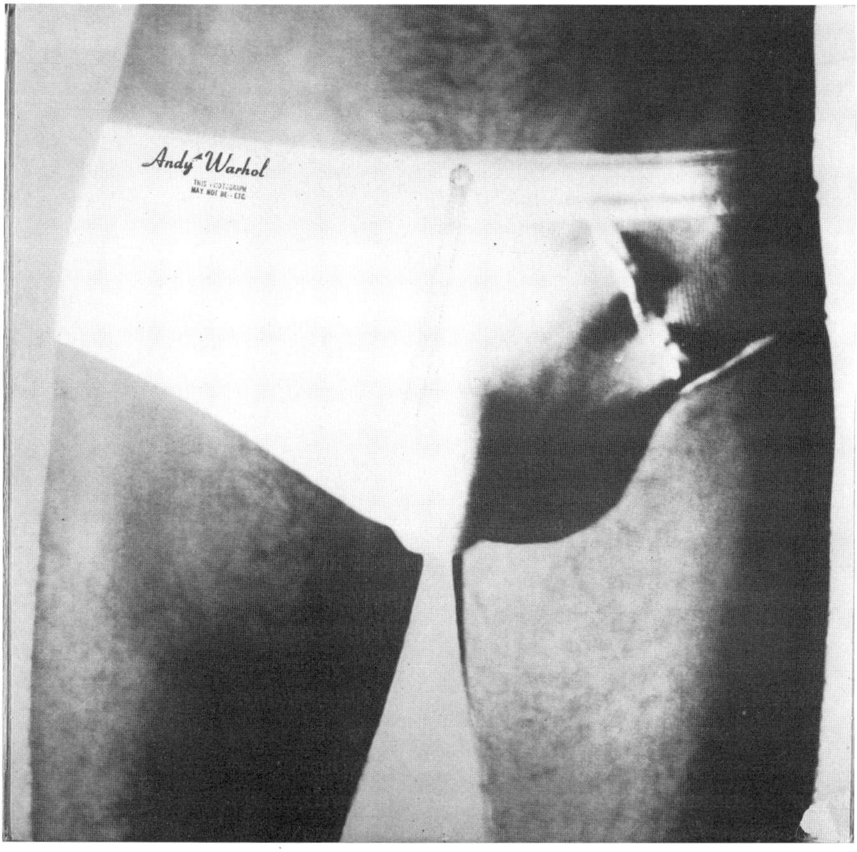


225

*226 »Oftflieger«, Werbefotografie, 1986*

Business Style, Anzüge in grauem oder dunkelblauem Zwirn als »must«. Auch hält die ältere Generation zumindest im Berufsleben weitgehend an ihren traditionellen bürgerlichen Kleidergewohnheiten fest. Doch außerhalb recht genau umrissener, offiziöser oder offizieller Anlässe beginnen auch diese männlichen Zeitgenossen allmählich ihre graue Neutralität abzustreifen und über individuellere Kleidung für die eigene Person zu werben. Die Veränderungen in den Erscheinungsformen männlicher Mode sind offensichtlich, die Gründe für diesen Wandel ausgesprochen vielschichtig.

In den vielfältigen Modeströmungen der Gegenwart spiegelt sich die Tatsache, daß das Äußere des Menschen mehr und mehr zum eigentlichen Merkmal seiner Persönlichkeit avanciert ist. Die Wahl seines Erscheinungsbildes ist dem Zeitgenossen weitgehend selbst überlassen, jeder kann entscheiden, in welcher Verpackung er seine Persönlichkeit präsentieren will. Kleidernormen spielen eine immer geringere Rolle. Die grundlegenden Entscheidungen, die, situationsbedingt, vor dem Spiegel jeweils neu zu treffen sind, fordern Antworten auf Fragen wie: Welche Facetten meiner Persönlichkeit will ich betonen? Wo will ich mich gesellschaftlich einordnen? Wie kann ich meinen Marktwert steigern? – Die Textilindustrie hält für jede Variante eine Palette von Entscheidungshilfen bereit: Mann kann sich betont erotisch, sportlich-leger, dynamisch, alternativ, dezent oder einfach »männlich« verpacken – je nach Belieben und beabsichtigter Wirkung.

Harald Binder sieht in seiner Studie über »Werbung. Verpackung. Design.« eine Parallele zwischen Verpackungs-Marketing und Kleidung: »Wenn in der Leistungsgesellschaft der Mensch seinen Wert als Individuum vor allem aus seinen Funktionen als Arbeitskraft und – bezogen auf den Geschlechtspartner – als sexuelles Wesen bezieht, dann ist die Annahme akzeptabel, der Mensch löse die Probleme seiner Realisation im Kontext der Gesellschaft, indem er mittels seines Äußeren Werbung für die eigene Person betreibt, entsprechend den für Verpackung zutreffenden Gesichtspunkten.«[279] Auch zur Beurteilung der Mitmenschen werden die Kriterien des product-selling verwendet. Sich selbst erlebt der Mensch zunehmend als Verkaufsprodukt, als Ware, die es möglichst vorteilhaft abzusetzen gilt: »Heute muß jeder seinen Wert in einem scharf kompetativen Markt unter Beweis stellen, und der Wert ist die eigene ›Persönlichkeit‹, ein externalisierter Teil des Selbst. ... Nicht ein ursprüngliches Selbst wird also auf den Markt geworfen, sondern ein ›kosmetisches Selbst‹, das den Bedürfnissen des Marktes angepasst ist. Hat dieses künstliche Selbst Erfolg, so schweigen die Selbstzweifel für eine Weile. Nachdem aber der Selbstrespekt vom Marktwert abhängig gemacht worden ist, wird ein Versagen in der Selbstpromotion in Selbstverachtung umgemünzt.«[280] Ein Kleiderwechsel ist angesagt.

Jedes neue Outfit läßt den menschlichen Körper in einem veränderten Licht erscheinen, weckt Begehrlichkei-

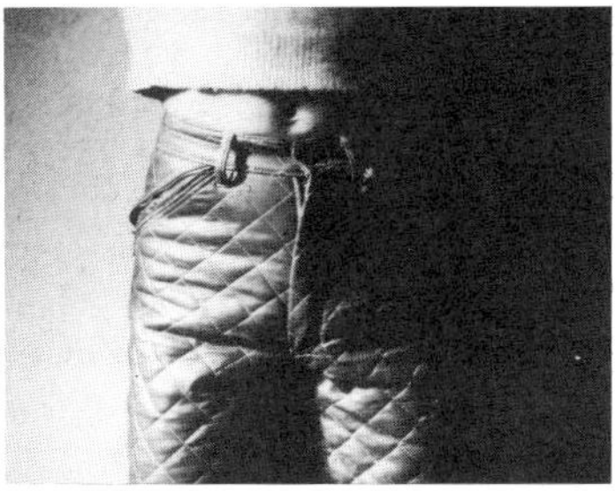

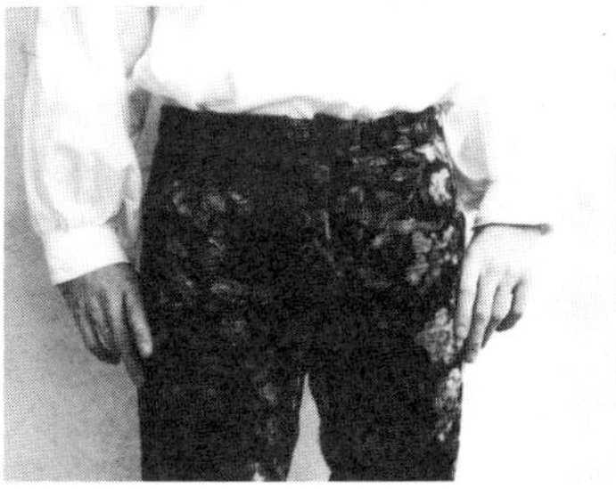

*227-230*

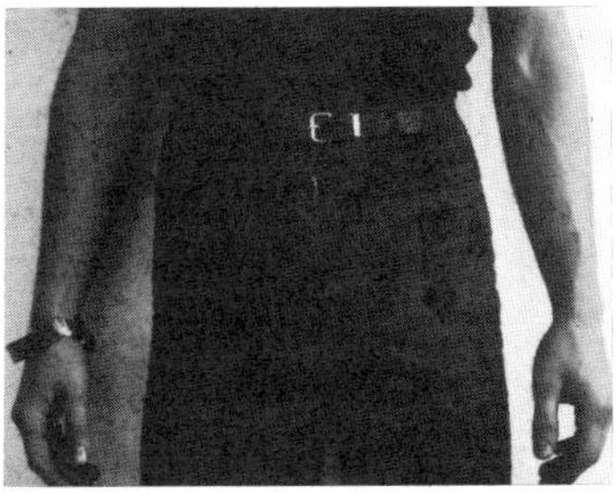

*232 »Jockey«-Werbung, 1988*

*231 Werbung der Firma Turquoise, 1988, Foto Tim Camino*

ten, die nicht vom Körper an sich, sondern von der ihm übergestreiften »Warenhaut«[281] ausgehen. Neue Moden sind neue Verpackungen, mit denen man die immer gleiche Ware in neuer Hülle anbietet, in der Hoffnung, sie so besser verkaufen zu können. Dementsprechend gehorcht auch die Textilwerbung den allgemeinen Regeln des Produkt-Designs: Der Mann als »Markenartikel« differenziert sich durch werbliche Anstrengungen von seinen Mitkonkurrenten und eröffnet sich durch günstige Präsentation neue Absatzmärkte.

Die Tatsache, daß Menschen durch ihr Äußeres für sich werben, ist sicherlich nichts Neues. Doch erst das 20. Jahrhundert entdeckte die soziologischen und psychologischen Gesetzmäßigkeiten, mit deren Hilfe es möglich wurde, Konsumentenverhalten präzise zu analysieren, die zugrundeliegenden Wirkungsmechanismen zu isolieren und sie mittels neuer Steuerungstechniken der Werbung im Sinne effektiver Absatzstrategien verwertbar zu machen.[282] Hinzu kam eine frappierende Inflation überlieferter Werte. Der Suche nach neuen Absatzmärkten wurden jahrhundertealte Traditionen bereitwillig geopfert. Grundsätzlich alles, was ehedem privat und verborgen blieb, wie Freundschaft, Liebe, Erotik und Sexualität, wurde Mittel zum Zweck marktstrategischer Bemühungen, zum schonungslos öffentlich gemachten Objekt der werbetreibenden Industrie.

Insbesondere über natürliche Schlüsselreize, die angeborene Mechanismen auslösen und beim Menschen bestimmte, seiner Kontrolle entzogene Handlungsautomatismen in Gang setzen, gelingt es, den Konsumenten im Sinne der Werbung zu beeinflußen: »Gegen die emotionalen Schlüsselreize einer ›Bio-Werbung‹ können sich die Umworbenen weniger sperren: Ihre kritische Einstellung zur Werbung bietet wenig Schutz gegen die Werbung von Reizen, auf die sie spontan und mit geringer Bewußtseinskontrolle reagieren.«[283] Besonders im Bereich der menschlichen Sexualität bietet es sich für die Industrie an, in mehr oder weniger ästhetisch abstrahierter Form mit Zusatznutzenversprechen zu werben. In Unterhosen der Marke »HOM«, verspricht der Werbetexter, »schießen Sie immer den Vogel ab. – Ganz gleich, wo Sie gerade jagen und bei wem Sie den Ton angeben wollen, in HOM wird dieser Herbst bestimmt noch ein bißchen erfolgreicher.«[284] Noch direkter versi-

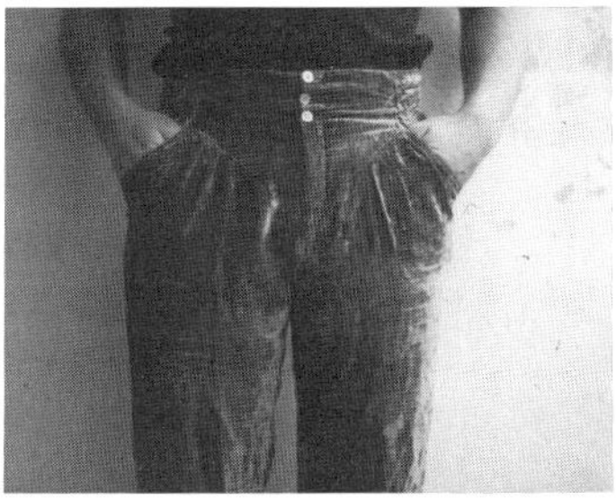

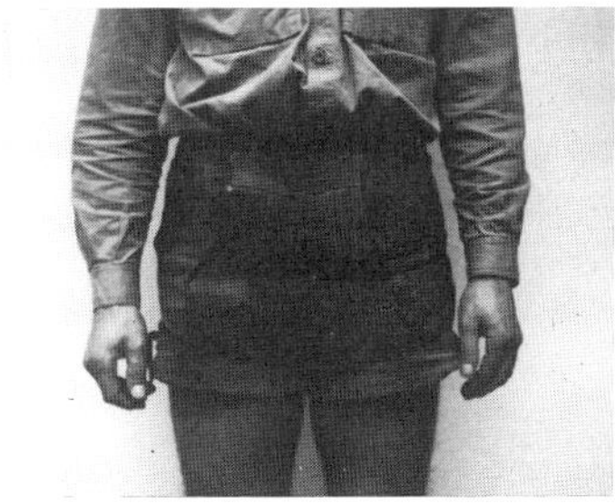

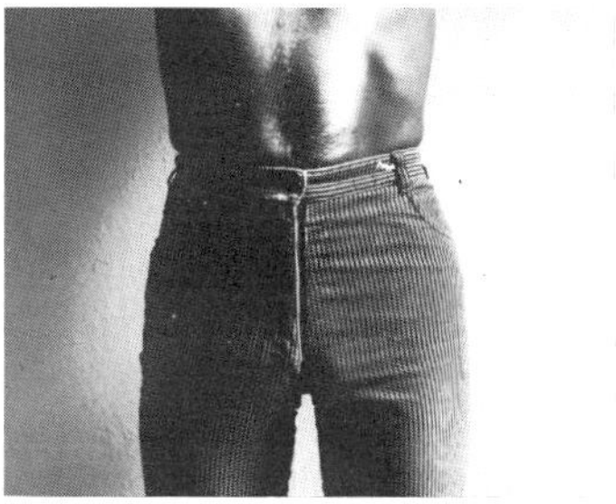

*233-236*

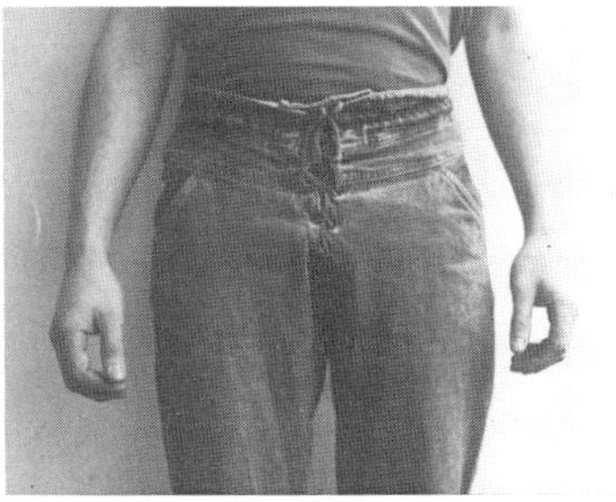

chert eine britische Konkurrenzmarke potentiellen Unterhosenkäufern, »das Tier in ihnen zu wecken«.[285] An exponierter Stelle schmückt die Firma ihre Slips mit einem Tierkopf, der das Versprechen ausdrückt, den Träger mit tierhaft-starker Potenz auszustatten.

Menschliche Sinnlichkeit wird heute nicht mehr allein durch Tradition und gesellschaftliche Normen, sondern zunehmend durch Werbestrategien modelliert, die sich ihrerseits beständig den durch sie mitverursachten Veränderungen anpassen. Es handelt sich hierbei um einen dynamischen Prozeß, der ein hohes Maß an Flexibilität erfordert und als eine der Ursachen für die geringe Konsistenz heutiger Moralvorstellungen anzusehen ist. Die uns umgebende weitgehende Sexualisierung der Warenwelt, die menschliche Elementarbedürfnisse nach Lust, Liebe, Geborgenheit und Glück nur dem Schein nach befriedigt, bewirkt eine grundlegende Veränderung unserer sinnlichen Struktur, führt, so Max Scheler, letztlich zu einer »Gehirnsinnlichkeit«[286], die sich nur noch voyeuristisch befriedigen läßt: »Der Schein dient sich an, als kündige er die Befriedigung an, er errät einen, liest einem die Wünsche von den Augen ab, bringt sie ans Licht der Oberfläche der Ware.«[287] Die Sehnsucht des Mannes, einmal »den Vogel abzuschießen«, mit anderen Worten: sexuell erfolgreich zu sein, geht durch das Tragen von Unterhosen der Marke »HOM« wohl kaum in Erfüllung.

Derartige Verpackungen werfen aber noch andere Probleme auf. Insbesondere Jugendliche greifen gerne nach Kleidungsstücken, die mehr versprechen, als der Inhalt, den sie umhüllen, halten kann.

Dadurch entsteht ein Circulus vitiosus: Gerade wer dazu neigt, seine männlichen Attribute besonders herauszustellen, kaschiert damit mögliche Unzulänglichkeiten, versucht durch Kleidung zu kompensieren. Dadurch wird die Kleidung zur Zwangshülle, einer »Verpackung, die nicht geöffnet werden darf, weil das Verpackte sich voller Scham unter der zuviel versprechenden Oberfläche verstecken muß.«[288] So gesehen verkehrt sich die Sexualisierung der »Warenhaut« in ihr Gegenteil, wird zum Hemmnis der eigentlich intendierten primären Bedürfnisbefriedigung.

Die Textilindustrie steht anderen Branchen im Aufspüren und Nutzbarmachen ehedem verborgener und tabuisierter erotischer Bedürfnisse um Nichts nach, so daß es nicht verwundert, daß auch die aktuelle Männermode unübersehbare Affinitäten zur Sexualität aufweist. In unserer Gesellschaft wächst, bewußt wie unbewußt, die Bereitschaft, Kleidung als Signal erotischer Wünsche und Sehnsüchte einzusetzen. Die Sexualisierung der Mode bleibt jedoch zweideutig: Einerseits trägt

*237 Latex-Outfit, 1988*

*238 Werbung der Firma Hans Bäumler, 1988*

sie zur Lockerung sexueller Tabus bei (Nacktheit und eindeutige sexuelle Gesten in der Werbung gelten nicht mehr als obszön), andererseits aktiviert sie aber auch Ängste, den durch die Verpackung gesetzten Signalen nicht entsprechen zu können. Kleiderhüllen, die auf mehr als den realen Inhalt verweisen, sind »Mogelpackungen«. Zwar kann es dem Träger durch wirksames Kleiderverhalten gelingen, seinen Marktwert zu steigern, gleichzeitig muß er aber ängstlich bemüht sein, den Normen, denen er durch seine Verpackung vorgibt zu entsprechen, auch tatsächlich gerecht zu werden, was er in der Stunde der Wahrheit häufig nicht einlösen kann. Seine Hülle entpuppt sich dann als Verkleidung, das Ziel wird verfehlt. Daraus resultierende Frustrationen verstärken zwangsläufig die Abhängigkeit vom modischen Outfit – ein Moment, daß sich positiv auf die Bilanzen der Textilindustrie, negativ auf das Selbstwertgefühl des Trägers auswirkt.

Die Männermode der Nachkriegszeit war lange Zeit resistent gegen modische Neuerungen, der Mann der Wirtschaftswunderjahre setzte andere Prioritäten.[289] Erst mit dem Ende der Wiederaufbauphase, in der Rezession 1966/67, als sich auch in der Textilbranche deutliche Umsatzverluste abzeichneten, entdeckten die Marktforscher und Werbestrategen die bislang vernachlässigte Männermode als neues Wachstumssegment. Die Werbeetats wurden beträchtlich erhöht und in einer gemeinsamen Kampagne begann die Textilindustrie das bislang gültige männliche Erscheinungsbild umzuformen. Zunächst galt es, mit der konservativen Tradition zu brechen, am gültigen Standard dessen, wie ein ordentlich gekleideter Bürger auszusehen habe, zu rütteln. Der Hamburger Werbeagentur Gilde gelang es mit Slogans wie: »Wer Grau trägt, ist feige« und »Alte Anzüge machen Männer müde«, Angstpotentiale zu mobilisieren und umsatzsteigernd nutzbar zu machen.[290] Die Kampagne war erfolgreich, die Bereitschaft der Männer zur Übernahme ästhetischer Innovationen stieg beträchtlich. Mann begann das Spiel der Mode mitzuspielen, zeigte sich zunehmend »mutig« und »munter«.

Die Werbeoffensive der Textilbranche konnte aber nur deshalb so erfolgreich sein, weil sie gesellschaftlich mit dem sich entwickelnden Bedürfnis der Männer zusammenfiel, sich aus herkömmlichen Rollenschemen zu befreien. Dieser Trend zum Bedürfniswandel ist im wesentlichen auf zwei gesellschaftliche Prozesse zurückzuführen: zum einen auf

*239 Der englische Fotograf Angus McBean in selbstentworfener Latzhose, 1987*

ein deutliches Ansteigen der sozialen Mobilität, zum andern auf das verstärkte Engagement der Frauen, gegen verfestigte patriarchalische Strukturen anzugehen und die ihnen formal zugestandene Gleichberechtigung tatsächlich einzufordern. In zunehmendem Maße erscheint dem Mann seine Position im Rollenverhalten der Geschlechter als fragwürdig und hinterfragbar, er wird »zum ›Suchenden‹ und dadurch zum ›Wechselbereiten‹«[291] Männliches Interesse an einem dezidiert modischen Äußeren, bislang nur in homosexuellen Kreisen goutiert und dementsprechend vom heterosexuellen Mann ängstlich mit »Schwulsein« in Verbindung gebracht, gilt mehr und mehr als Normalität, verliert den Makel der Effemination.

Seit Mitte der sechziger Jahre begann außerdem der Trend der Jugendmoden, etablierten sich Boutiquen und »Twen-Shops«, richteten Kaufhäuser spezielle Abteilungen ein, die für jugendliche Konsumenten konzipiert waren.[292] Die Heranwachsenden wurden als Idealkunden entdeckt, als mobile Gruppe mit relevanter Kaufkraft[293], die in ihrem Bemühen um Identitätsfindung ein hohes Maß an Experimentierfreudigkeit an den Tag legte. Dieser Kundenkreis sprach spontan auf neue Moden an, führte sie auf dem Markt ein, so daß ihre Verallgemeinerung auch für andere Altersgruppen nur noch eine Frage der Zeit war.

Auch die sogenannten Anti-Moden, von Teilen der Jugend zunächst als provozierende Abweichung von der üblichen Kleiderkonvention gedacht, ließen und lassen sich gewinnbringend vermarkten und bilden ein unerschöpfliches Ideenreservoir modischer Innovationen. Denn die schnelle Vereinnahmung der Anti-Mode durch die Modeindustrie hebt ihren Charakter der Abgrenzung auf. Um die gewünschte Distanz zur etablierten Mode zu wahren, muß fortlaufend eine neue Anti-Mode kreiert werden.

Seit den sechziger Jahren wirkte sich zudem die sprunghaft gestiegene gesellschaftlich notwendige Ausbildungszeit aus. Jugend, bislang eine kurze Zwischenphase, wurde ein nicht mehr zu vernachlässigendes gesellschaftliches Phänomen.[294] Die sich herausbildende Großgruppe »Jugend« wurde unter absatzpolitischen Aspekten zu einem relevanten Bevölkerungsteil, den die Textilindustrie gezielt zu bedienen wußte. Die Jugendmoden zeichneten sich durch hohe Innovationsfreudigkeit aus und fungierten als Trendsetter auch für andere Zielgruppen. Der starke Imagewert, den Jungsein in unserer Gesellschaft hat, pointierte diese Entwicklung. Tendenziell ist der Erwachsene nicht mehr Vorbild der Jugend, sondern Jugendliche sind zum Vorbild der Erwachsenenwelt avanciert – »Jungsein« wurde zum Zauberwort, zum vermeintlichen

Schlüssel des Erfolgs. In unserer Wohlstandsgesellschaft wird das reale Alter zunehmend hinter einer jugendlich modischen Fassade versteckt, die Mode- und Kosmetikbranche setzt alles daran, diesen Trend zu fördern.

In den unkonventionellen Jugendmoden der sechziger Jahre zeigt sich ein weiterer wichtiger Aspekt: Ein Wandel des Rollenverhaltens der Geschlechter wird sichtbar, der sich bis dahin nur unter der Oberfläche vollzogen hatte. Im Unisex-Look dokumentierten Frauen und Männer, daß Geschlechterunterschiede zumindest äußerlich verschwindend gering sein können, eine Synthese weiblicher und männlicher Ausdrucksformen realisierbar erscheint. Die Kleideridentität des einzelnen folgt seitdem weniger denn je festgeschriebenen Mustern, sondern steht weitgehend zur freien Disposition. Es berührt heutzutage kaum mehr ein Tabu, wenn Männer durch ihr Kleiderverhalten feminine Tendenzen nach außen kehren, sowenig wie es Frauen untersagt ist, Männerkleidung zu tragen. Anything goes, eine, wie Friedmar Apel meint, vernünftige Entwicklung, »denn die Aufteilung männlicher und weiblicher Rollen und Funktionen hat sich bereits viel länger erhalten, als dies in der industriellen Gesellschaft notwendig und praktisch ist.«[295]

*240 Tim Voegele, Berlin, in eigener Kreation, 1987*

Eine Vorreiterrolle für den Wandel der Männermode spielte die Freizeit- und Sportbekleidung.[296] Die fehlende Identifikation mit der alltäglichen Arbeit erschwert es dem Menschen immer mehr, sich über seinen Beruf zu definieren. Freizeitaktivitäten, Folge auch verkürzter Arbeitszeiten, übernehmen verstärkt die Aufgabe der Identitätsbildung, die über Jahrhunderte dem Beruf zukam. Der einzelne empfindet Arbeit immer mehr als notwendiges Übel, Freizeit und Urlaub als den eigentlichen Lebenssinn. Elemente der Freizeitkleidung finden zunehmend Eingang in die Berufskleidung, als sollte so die tatsächliche Identität in eine Welt herübergerettet werden, in der in hohem Maße Ausdruckskontrolle und Körperdisziplinierung gefordert wird. Insbesondere gehobene Sportmoden sind zu akzeptabelen Kleidungsstücken auch au-

241 242

ßerhalb des Rahmens ihrer ursprünglichen Verwendung geworden, wurden geradezu zu Statussymbolen, mit denen sich Männer als betont leger und selbstbewußt kennzeichnen.

Modische und sportliche Kleidung wird heute nicht mehr als Zeichen von Unseriosität und Saloppheit diskriminiert, sondern vielmehr als Ausdruck individuellen Geschmacks und körperlicher Fitness honoriert. Denn Gesundheit bedeutet heutzutage mehr als bloße Abwesenheit von Krankheit. Der gesunde, trainierte Körper wird als Voraussetzung für Glück und gesellschaftlichen Erfolg angesehen. In der allgemeinen Werteskala steht Gesundheit auf der obersten Rangstufe, der einzelne ist in hohem Maße für die Erreichung dieses Ziels in die Verantwortung genommen. Gesundheit ist ein Gut, das erwerbar zu sein scheint: durch Körperhygiene, Fitness-Training und richtige Ernährung. Dementsprechend hebt sportliche Kleidung das Image des Trägers, sind Sport-Accessoires sichtbare Beweise, daß der Mensch etwas für seinen Körper tut, gesund und glücklich ist.

*243*

Je nachdrücklicher sich der beschriebene Wertewandel fortsetzt, desto farbiger und zwangloser wird sich die männliche Berufskleidung der Zukunft gestalten. Aus Elementen der Sonntags-, Alltags-, Berufs-, Sport-, Gesellschafts- und Freizeitkleidung wird sich jedermann, unabhängig von Ort und Zeit, spielerisch eine eigene, individuelle Zusammenstellung komponieren können.

## Warenhäute – Häutungen

*»Samstag mittag:*
*kleine Probe vor dem Spiegel!*
*Nehm' ich die locker-lose*
*Bundfaltenhose?*
*Oder die aus Satin –*
*ganz eng?«*
*Udo Lindenberg*

Die Frage, die sich Udo Lindenberg vor dem Spiegel stellt, ist natürlich nur vordergründig eine Kleiderfrage. Tatsächlich muß er sich darüber klar werden, was er von dem bevorstehenden Abend erwartet, prüfen, wie seine Bedürfnislage ist, entscheiden, welche Rolle er diesmal spielen will. Will er zurückhaltender Beobachter oder aktiver Mitspieler sein,

*244 Modische Bundfaltenhose mit verschränkt geknöpftem Verschluß, 1988*

sucht er Entspannung oder will er sich mal wieder so richtig austoben? Sein Zögern bei der Wahl der passenden Hose drückt seine Unentschiedenheit aus, welche Variante der Selbstinszenierung er wählen soll.

Die betont legere Bundfaltenhose hebt die Taille hervor, während die Formen des Unterleibs und der Beine nur zu erahnen sind. Auch der Hosenschlitz verbirgt sich diskret hinter einer vorgesetzten Leiste. Die Stoffülle läßt Raum für freie, ungezwungene Bewegung. Die großen, verdeckt in die Seitennähte eingelassenen Taschen, sind für die Hände konzipiert. Männer in Bundfaltenhosen, ob in der Werbung oder im Alltag, nehmen eine locker-lässige Haltung ein, die sich fast von selbst einstellt, wenn die Hände in die Hosentaschen versenkt sind. In den weiten Taschen sind die Hände dem Blick entzogen, unsichere, willkürliche Handbewegungen bleiben ebenso verborgen, wie eine zurückgenommene, zögerliche Gestik. Das Material, meist dezent unifarbener, qualitativ hochwertiger Baumwollstoff, unterstreicht den unaufdringlich modischen Charakter der Bundfaltenhosen. Der Träger will sich als gepflegt, in Maßen fortschrittlich und leger kennzeichnen. Geschlechtlichkeit ist Nebensache. Dem Selbstbild nach (offen, unkonventionell, aber leistungsbezogen) wird dieses Hosenmodell von Vertretern der freien Berufe bevorzugt.

Deutlich andere Vermarktungsinteressen sind bei dem Träger einer engen Satinhose anzunehmen: In glänzender, hautenger Hülle präsen-

*245 Rafael 34, Kreation von J.P. Gaultier, 1987*

tiert er sich vor allem als erotisch attraktives Objekt. Der extrabreite metallene Reißverschluß hält die Hose mühsam zusammen und signalisiert ohne Umschweife, worauf es ankommt. Die Hosentaschen sind zum Accessoire ohne Gebrauchswert degradiert. Mit Händen in den viel zu engen Hosentaschen würde er Gehemmtheit und Unsicherheit signalisieren, das Gegenteil erotischer Souveränität, die er verkörpern will. Das stark reflektierende Satinmaterial macht die Hose zu einer Hochglanzverpackung. Gegenständen mit glänzender Oberfläche kommt allgemein ein hoher Aufmerksamkweitswert zu. Diese Tatsache haben sich Menschen seit eh und je auch für ihre Kleidung zu Nutze gemacht. Ob für Zeremonial- oder Prunkgewänder, Festtagskleider, Schuhe, Haare, Fingernägel, immer galt: je glänzender, desto auffälliger und attraktiver.

Der Lichtreiz als Reflektion der elementaren menschlichen Lebensquelle, der Sonne, löst beim Menschen starke, positiv besetzte Reaktionen aus. Glanz wird stets als Ausdruck des Erfreulichen, Heiteren empfunden, als Widerspiegelung unverstellter Lebensfreude. Diesen Effekt macht sich der Mann in Satinhose, ob als Tänzer in der Diskothek oder als Blickfang im Straßenbild, zunutze. Glänzende Stoffe werden immer dann verwendet, wenn es gilt, Aufmerksamkeit zu erregen, aber allzugroße Nähe zu vermeiden. Glitzer und Glanz sind Signale sensueller Distanzierung, die ihre Reizwirkung nur dann voll entfalten, wenn sie aus einer bestimmten Entfernung wahrgenommen werden.[297] Die Satinhosen sind die ideale Warenhaut für denjenigen, der vorrangig seine narzißtischen Bedürfnisse ausleben will, Nähe und Körperkontakt nicht wirklich sucht, sondern sich durch Blicke betasten lassen will.

Der Markt der Möglichkeiten, Individualitätsmanifestation durch Kleidung zu betreiben, ist gegenwärtig aufgrund seiner Vielfalt kaum zu überblicken. Der Trend der Zeit heißt: »Mode ist tot! Es lebe der Stil.«[298] Weithin befreit von Einschränkungen der Tradition, setzen vor allem jüngere Männer Kleidung zunehmend als Mittel der Selbstfindung ein. Die scheinbar spielerischen modischen Selbstinszenierungen sind für den einzelnen von elementarer Wichtigkeit, denn im Bemühen um Identitätsbildung und Selbstversicherung kommt ihnen eine nicht zu unterschätzende Bedeutung zu. Klassische Sinninstanzen und kanonische Werte haben ihre Verbindlichkeit weitgehend verloren, der Mensch der Industriegesellschaft ist mehr denn je auf sich selbst gestellt, muß sich sein eigenes, individuelles Wertesystem schaffen.

Der aktuelle Körper-Boom, die zunehmende Indienstnahme des eigenen Körpers, sei es durch Bodybuilding oder modisches Outfit, ist

*246 Mick Jagger 247 Keith Richard 248 Michael Jackson*

zeitgemäßer Ausdruck für die Relevanz, die unserer »Außenhaut«[299] als Hilfsmittel der Identitätssicherung zukommt. Innerhalb einer weitgehend formierten Gesellschaft ist das eigene Erscheinungsbild für viele zum wichtigsten Mittel der Selbstbestätigung und -verwirklichung geworden, Möglichkeiten, die ihnen die Außenwelt ansonsten versagt.

Ungleiche Kleidung war schon immer Ausdruck sozialer Differenzierung. Kleiderunterschiede entsprachen der ökonomischen und sozialen Abstufung, markierten Standeszugehörigkeit und Vermögen. In der Wohlstandsgesellschaft der Gegenwart sind die Übergänge fließender geworden. Der Erwerb von Luxusartikeln ist weiten Teilen der Gesellschaft möglich. »Premium-Marken« füllen die Regale in Bekleidungshäusern und Boutiquen, zu denen auch der Durchschnittskonsument Zutritt hat. Selbst die Haute Couture, bislang exclusiv auf die Bedürfnisse der Oberen Zehntausend zugeschnitten, ist so durchlässig geworden, daß auch mittelständische Bevölkerungsteile daran partizipieren können.

Mit dieser Nivellierung von Standesunterschieden korrelliert auf der anderen Seite, insbesondere in der Jugendkultur, eine Aufsplitterung der Gesellschaft in eine Vielzahl untereinander beziehungsloser Klein- und Kleinstgruppen, die sich nach außen vor allem durch ihre Kleidung abgrenzen. Zwar sind Abhängigkeiten wie soziale Herkunft, Bildung und Einkommen nach wie vor von Bedeutung, auch dient die Mode nach wie vor der schichtenspezifischen Selektion. Unter den Bedingungen der Gruppenkulturen ist es dem einzelnen jedoch jederzeit möglich, die Rolle zu wechseln. Insbesondere in Phasen der Persönlichkeitsentwicklung, auf der Suche nach Identität oder eines Neuanfangs erscheint es möglich, mit dem Wechsel der äußeren Hülle ein neues Selbstbild aufzubauen: gestern brav, heute Punk, morgen modisch-leger. Zwar gelten innerhalb der Gruppen meist rigide Kleidernormen, doch besteht immer die Möglichkeit, sich umzuorientieren, sich einer neuen Szene zuzuordnen.

*249 Mick Jagger*

Als Kristallisationspunkte jugendlicher Identitätswünsche spielen die Stars der Musikbranche, seltener der Filmindustrie, eine wesentliche Rolle. Gestik, Mimik, Frisur und Kleidung, kurz das gesamte Outfit des jeweiligen Idols wird von Jugendlichen nachgeahmt. Pop-Stars, gezwungen, sich aus der Masse der Konkurrenten hervorzuheben, bevorzugen ein extravagantes, exaltiertes Kleiderverhalten, versuchen, ihre Mitbewerber um die Publikumsgunst an Phantasie, Ausgeflipptheit, Dekadenz oder Schockwirkung zu übertreffen. Entsprechend sind die Fans der jeweiligen Rock-, Heavy Metal-, oder Punk-Bands gestylt. Maskulin, feminin, androgyn – chamäleongleich passen Fans ihre Außenhaut dem Erscheinungsbild ihrer Idole an.

Klein- und Kleinstgruppen haben in unserer Gesellschaft Funktionen sozialer Kontrolle übernommen, setzen Normen fest und überwachen deren Einhaltung. Augenfälligste Norm ist die Kleidung. Gruppenkleidung, in autoritär strukturierten Gruppen bis ins Detail festgeschrieben, ist Abzeichen eines Wir-Gefühls, Demonstration nach außen und innen, daß man eine Gemeinschaft bildet. Der einzelne erfährt durch die über gemeinsame Kleidung definierte Akzeptanz in der Gruppe ein Gefühl von Sicherheit und Geborgenheit, fühlt sich »zu Hause«.

So sind etwa Motorrad- und Rockergruppen häufig hierarchisch gegliedert, folgen einem rigiden Verhaltenskodex, dem sich der einzelne unterzuordnen hat. Als Gegenleistung erfährt das Mitglied Solidarität, Identitäts- und Verhaltenssicherheit. Es partizipert an der kollektiv demonstrierten Männlichkeit, die nach außen bevorzugt durch martialisch aufgeputzte schwarze Lederkleidung manifestiert wird.

Als Zeichen von Aggressivität und Machtbewußtsein ist die Kombination der Farbe Schwarz mit dem Material Leder optimal geeignet.

*250/251 Lederhosen*

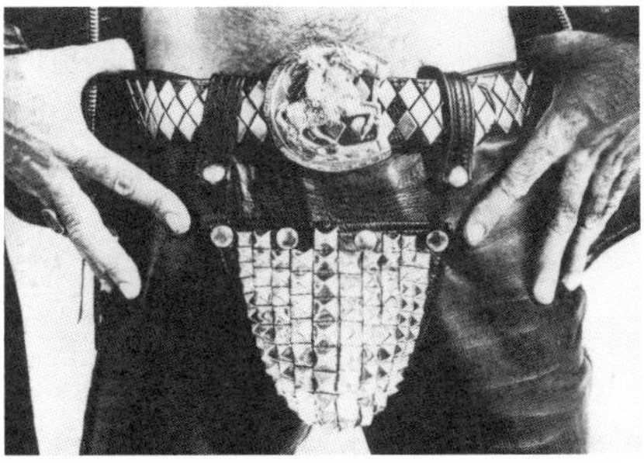

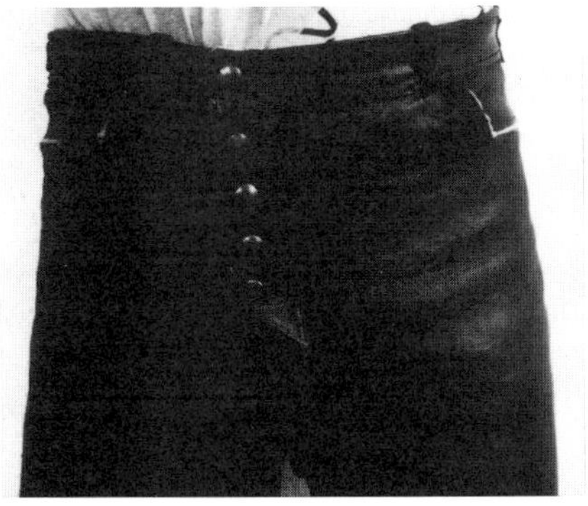

*252 Szene, 1988*

*253 Szene, 1988*

In der körperangepaßten Ledermontur umhüllt sich der Mann mit einer schützenden zweiten Haut, einer Tierhaut, die geschmeidig den Körperbewegungen folgt, sanften Druck ausübt, ohne einzuengen. Der Träger einer engen Glattlederhose ist sich seines Ganges bewußt, läßt ihn auf sich und andere wirken. Seine Selbstdarstellung trägt deutlich narzißtische, dominante Züge. In schwarzem Leder setzt sich dem Selbstbild nach kein geduckter Spießer sondern ein »ganzer Mann« in Szene, der den Part des Aktiven, Herausfordernden, Dominanten spielen will. Männlichkeit demonstriert auch der Hosenlatz, der mit Riemen verschnürt, hinter einem Schild aus Straß verborgen oder mit einem breiten, metallenen Reißverschluß das Geschlecht betont.

Ambivalenter fällt die modische Selbstinszenierung bei den Trägern von Hosen aus synthetischem Raubkatzenfell aus. Die weiche, gehaarte Oberfläche wirkt warm, spielt mit dem Tastsinn, fordert zum Streicheln und Liebkosen heraus. Gleichzeitig signalisiert der Träger durch die in Anspruch genommene Nähe zum Raubtier, daß seine Triebe noch ursprünglich und ungezähmt sind. Indem er seinen Körper mit der fiktiven Haut eines Tigers umhüllt, macht er sich in seiner Phantasie auch dessen Kraft, Potenz und Aggressivität zu eigen. Sein Gegenüber konfrontiert er mit einer ambivalenten Botschaft: Einerseits der Sehnsucht nach »gestreichelt werden«, nach passivem Genuß, andererseits mit der Mitteilung, daß Anfassen nicht risikolos ist, daß aus dem schnurrenden Tiger das aggressive Raubtier werden kann, das sich nimmt, was es braucht.

Mode »gewährt dem Individuum des Massenzeitalters ein kleines Refugium des Selbstausdrucks, einen Spielplatz, kurz, eine kleine Freiheit«[300], die ihm ansonsten versagt ist. So dient sie dem Spannungsabbau und fungiert als Katalysator von Protestbewegungen und oppositionellen Strömungen. In der bunten Vielfalt modischer Kreationen der jugendlichen Subkulturen kommen rebellische Momente zum Ausdruck, manifestiert sich Widerstand gegen die herrschende, etablierte Kultur. Subkulturen stellen die »normative Kraft des Faktischen« in Frage, grenzen sich provokant von Ansprüchen und Anpassungsdruck der Gesellschaft ab. Die Punks in schwarzer, zerrissener Kleidung, geschmückt mit tabubeladenen Symbolen wie Totenkopf, Hakenkreuz oder obszönen Parolen provozieren nicht nur, sie schänden Konventionen. Trotz aller Ablehnung und Irritation, die sie auslösten, hatte und hat die extreme Ästhetik der Punks nicht geringen Einfluß auf die Moden der Mehrheit. Die eingefärbte Haarsträhne, der Modeschmuck aus Abfall oder die schwarze Lederhose sind durchaus gesellschaftsfähig gewor-

*254/255 Inszenierungen in synthetischen Fellen*

den. »Man sieht, die Subkulturen haben zwar Einfluß auf die Mehrheit, aber meist nicht den, den sie haben wollen. Ihre Botschaften werden bevorzugt auf ästhetischem Gebiet übernommen und selbst dann noch verwässert und verfälscht. Das (und den) Verdienst für die originellen Neuerungen heimsen andere ein: Modedesigner, etablierte Künstler oder Avantgarde-Friseure.«[301]

Eine erste Konfrontation zwischen Konfektionskleidung und subkultureller Jugendmode ergab sich, als der Einheits-Look aus Jeans und T-Shirts die Jugendszene beherrschte. Jeans, heute als Beinkleid für Männer und Frauen aller Altersstufen üblich und in vielfältigen Variationen auf dem Markt, galten in den fünfziger und sechziger Jahren als »weltanschauliches« Kleidungsstück[302], mit dem Jugendliche zum Ausdruck brachten, daß sie nicht gewillt waren, sich in das Wertesystem der Erwachsenen einzufügen. Blue Jeans wurden zum Kleidersymbol einer Generation, die sich im Aufbruch befand, Konventionen ablehnte, zumindest aber in Frage stellte. Die übliche Kombination aus Jeans, T-Shirt, Parka und Turnschuhen wurde demonstrativ getragen, in der

Schule, in der Freizeit, im Theater. Nicht unwesentlich war der konkrete Zustand der Jeans. Er war Ausdruck eines Zeichensystems, das nur Insider entschlüsseln konnten. Fabrikneue, intakte Jeans waren untragbar. Ließ sich der Kauf einer neuen Hose nicht vermeiden, wurde sie in einer aufwendigen Prozedur künstlich gealtert: Mehrmaliges zu heißes Waschen sorgte für das gewünschte Ausbleichen, nasses Tragen förderte die körpergerechte Paßform. Je abgewetzter und verwaschener die Hose, desto höher stand ihr Träger in der informellen Hierarchie der Jugendkultur.

Die Industrie bediente auch diesen Markt prompt mit dem Gewünschten. Begehrte der Kunde gealterte Jeans, bot man ihm eben verwaschene, geflickte Hosen an. Bis heute sichert das Geschäft mit dem Beinkleid der Protestgeneration noch bedeutende Marktanteile. Mit dem Image von »Freiheit und Abenteuer« ausgestattet verkauft es sich weltweit: als klassisch blaue Röhre, »stone washed«, marmoriert, bunt, mit oder ohne Nieten, Ledereinsätze, Schnürungen, die Hosenbeine ausgestellt, karottenförmig oder hauteng. Ihren Ausdruckswert als Protestkleidung haben die Jeans längst verloren, jeder, der sich jugendlich, locker und unkonventionell geben will, darf sich heutzutage in seiner Jeans wohlfühlen.

Der Love-Generation der frühen sechziger Jahre folgte die Jugendrevolte der Endsechziger, beide vereinten sich, unter modischen Ge-

*256 Patti Smith Group, Easter, Ausschnitt aus der Cover-Rückseite*

sichtspunkten kategorisiert, in der Protest- und Hippiekultur. Die Hippies liebten es bunt und farbig, ließen sich Phantasiemoden einfallen, die ihrem Lebensgefühl von »Love, Peace and Happiness« Ausdruck verliehen. Ihre aggressivere, härtere Variante, die Gammler, dokumentierten durch zerfetzte und zerrissene Kleidung, in der Olivgrün und Schwarz dominierte, ihre Verachtung für ein System, in das sie sich nicht einordnen wollten und dessen Regeln sie demonstrativ mißachteten. Die Punks der späten siebziger Jahre nahmen die Tradition der Gammler in ähnlich provokanter Weise wieder auf: »Ausgrenzung statt Diskurs« in neuem Gewand.

Die Punks nahmen mit ihrer Müll-Ästhetik im Sturmlauf die letzten Bastionen des bürgerlichen Anstandsgefühls. In einer weitgehend sexualisierten Alltagswelt waren die meisten Tabus hinfällig geworden. Folgerichtig entlehnten im Sommer 1977 britische Jugendliche die Accessoires und Symbole ihres neuen Modestils der nach wie vor tabuisierten Sado/Maso-Szene. Sie inszenierten sich in einem auf Schock und Provokation angelegten Uni-Look, der ihre Minderheitenposition nach außen dokumentieren, gleichzeitig das Wir-Gefühl stärken sollte. Zerfetzte Kleider, schrill gefärbte Hahnenkammfrisuren, freigelegte Hinterteile, abgerissene Hosenbeine, die schwarzen Lederaccessoires der S/M-Szene und der obligate Schmuck aus Sicherheitsnadeln, Rasierklingen, Eisenketten und Hundehalsbändern sorgten für gehörige Aufmerksamkeit und Empörung. Die Selbstinzenierung der Punks war offensichtlich geglückt. Punks provozierten, indem sie sich als verstoßene, verwahrloste, brutalisierte Randgruppe stigmatisierten, als »Müll der Konsumgesellschaft«.[303] Es war die unmißverständliche Nähe zur Selbstaufgabe, die die Gemüter erregte. Aber so entschieden die Gesellschaft die zentrale Botschaft der Punks, die trotzig-resignative No-Future-Einstellung ablehnte, so schnell war sie bereit, die ästhetisch-kreativen Komponenten des Outsider-Looks, wenn auch verwässert, zu kopieren: Auch Punk-Chic wurde marktfähig.

Unsere handlungsarme, abstrakte Gesellschaft läßt einerseits Individuen entstehen, die sich angestrengt bemühen, durch spektakuläres, exzentrisches Auftreten ein Gegengewicht zu schaffen, andererseits solche, die einem kurzlebigen, ausschließlich konsumorientierten Stil folgen. Die eine Seite extremer Reaktionsweisen besteht in Renitenz, Opposition, Selbstausgrenzung, die andere in systemkonformer Überanpassung.

Seit Anfang der achtziger Jahre zeichnet sich ein Normenwandel gesellschaftlicher Werte, Toleranzschwellen und Umgangsformen ab.

*257 Design: Camicia, Foto Jan Thomas,* 1988

Das Klima ist deutlich kühler und reservierter geworden, Coolness und neue Äußerlichkeit prägen die gegenwärtige Alltagsästhetik. Die aktuelle Mode ermöglicht die perfekte Selbstinszenierung, ihr Scheincharakter wird nicht mehr verschleiert, sondern offen bejaht. Geometrisch-abstrakte Formen, Neonfarben und harte Kontraste suggerieren Abgrenzung, Distanz und Unnahbarkeit. »Die von der aktuellen Mode entwor-

*258 Barry 101, Kreation von J. P. Gaultier, 1987*

fenen Körper fördern die ›Kultivierung des Auges‹ (Mattenklott), indem sie, statt zur Berührung herauszufordern, sich als Erscheinungen ausstellen und den anderen die Übersicht aufzwingen, deren Intentionen Berührbarkeit nur als Form des ausmalenden Wünschens gestatten.«[304] Das zeitgeistgemäße Individuum tritt uns als perfekt gestyltes, androgynes Kunstprodukt entgegen. Sein Outfit ist Zeichen einer in Gänze vollzogenen Anpassung an das System – ein Dokument des Erfolgs durch Leistung ebenso wie Zeichen individueller Zurücknahme zugunsten kollektiver Funktionalität.

Natürlich stellt die Beschreibung des derzeitigen unterkühlten Vergnügens am Geschmack nur eine Momentaufnahme dar. Tatsächlich gilt: Anything goes, erlaubt ist, was gefällt. Das postmoderne Spiel mit der Äußerlichkeit lebt vom Zitat, dem eklektizistischen Rückgriff in die Vergangenheit. Die Mode der späten achtziger Jahre nimmt sich aus wie ein Parforce-Ritt durch die Kostümgeschichte, bedient sich aus sämtlichen Kulturen und Epochen. Schon Dagewesenes wird aufgenommen und scheinbar willkürlich zusammengefügt. Historische Authentizität ist hierbei nicht gefragt, was zählt ist das Spiel mit Formen. Die Berliner Modedesignerin Ute Reimeyer meint:

»Im Augenblick gibt es keine richtigen Trends mehr, alles vermischt sich, alles ist möglich, alles ist erlaubt, alles wird angeboten. Es ist richtig langweilig, niemand regt sich mehr über etwas auf. Ich will nicht dahin zurück, daß die Mode wie in den fünfziger Jahren richtig diktiert wird, aber eine klare Strömung wäre nicht schlecht. In New York bringen sie jetzt wieder Neonfarben, dabei hatten wir die doch gerade. Anfang der Siebziger ging es ja mit der Second-hand-Kultur los, zwanziger Jahre, aber bitte nur Original. Dann die Vierziger, breite Schulter und Kostümchen, fünfziger, sechziger, Barock, Mittelalter. Was wir noch nicht hatten ist Rokoko, mit Schleifen übersäte Reifröcke, Perücken, Korsetts. Grausam wäre das, aber wenn die Langeweile zu groß wird! Es gibt zwar keinen Adel mehr, der sich die ganze Zeit vergnügen muß, aber das könnten ja jetzt die Arbeitslosen übernehmen. Und wenn die Punks sich Sicherheitsnadeln durch die Backen jagen konnten, könnten sich die Neo-Rokokos auch schnüren und auf Louis XIV. fummeln, oder?«[305]

# Anhang

## Anmerkungen

1 Siehe Andersson, S. 61
2 Vgl. ebd., S. 61ff
3 Laver 1970, S. 182f
4 Richard Brathwaite, »English Gentleman and English Gentlewoman«, o. O. 1630, nach Harold Nicolson, München 1958, S. 236
5 DGB Handlexikon, Frankfurt/Main 1964, S. 360
6 Ebd.
7 Vgl. Franz Kiener, München 1956, S. 13
8 Ebd. S. 15
9 Vgl. Fritz Rumpf, Berlin 1905
10 Katrin Wiederkehr-Benz, Zürich 1973, S. 6
11 Vgl. Kiener, S. 237f
12 Ebd., S. 9
13 Ebd., S. 14
14 Vgl. Marilyn J. Horn, Boston USA 1975, S. 121
15 Ebd., S. 14
16 Wiederkehr-Benz, S. 10
17 Performance Jochen Gerz, Die Reise, vgl. Hans J. Müller, in: Badische Zeitung, 14.1.1982, S. 14
18 Ebd.
19 Homer, Ilias X., Vers 334 - 335
20 Vgl. Erika Thiel, Berlin 1968, S. 13 - 17
21 Nähere Ausführungen siehe Hannsferdinand Döbler, München 1972, S. 18
22 Ebd., S. 152ff; auch: Heidi Nixdorf/Heidi Müller, Berlin 1983, S. 11: »Aus der Jungsteinzeit können wir bereits das Färben von Geweben als sicher annehmen. Reste dafür verwendeter Pflanzen wurden immer wieder in ausgegrabenen Siedlungen gefunden, auch wenn der letzte Beweis, daß sie tatsächlich zum Färben benutzt wurden noch aussteht.«
23 Thiel, 1968, S. 20
24 Lawrence Langner, 1964, S. 265
25 Ebd., S. 48
26 Kiener, S. 45
27 Ebd., S. 91
28 Vgl. Döbler, S. 156: »Im Volksglauben hat sich die Vorstellung vom Werwolf (germanisch wer: Mann), dem Mann, der sich nachts in einen Wolf verwandelt und Menschen ermordet, lange erhalten. Der Bund der Leopardenmenschen ist aus Afrika bekannt; seine Opfer tragen Klauen- und Bißspuren des Leoparden, in Mexiko gibt es noch heute den Glauben an ein ›anderes Ich‹ in Tiergestalt.«
29 Kiener, S. 91, zur Gestalt des Werwolf: »Bei den Römern, Griechen, Kelten und vielen anderen Völkern war ebenfalls der Glaube verbreitet, daß Männer zeitweilig durch Überwerfen des ›Wolfshemdes‹ (Zaubergürtel aus Wolfshaut) Wolfsgestalt annähmen und die Stimme und Wildheit eines Wolfes bekämen.«
30 Vgl. Döbler, S. 156
31 Vgl. Thiel, 1968, S. 20
32 Vgl. Horn S. 62
33 Hans Peter Duerr, Frankfurt/Main 1988, S. 335
34 Vgl. Döbler S. 12
35 Vgl. hierzu Kiener, S. 40 - 49 und Döbler, S. 12 - 18
36 Vgl. Thiel, 1968, S. 61
37 Nähere Ausführungen siehe Karl Schlabow, Neumünster 1967, S. 18ff
38 Vgl. Thiel, 1968, S. 61
39 Vgl. Emma v. Sichart, München 1926, S. 46
40 Schlabow, 1967, S. 18
41 Dies ergibt sich u. a. aus den Untersuchungen Schlabows in den Göttinger Schriften zur Vor- und Frühgeschichte, Neumünster 1976
42 Vgl. hierzu die Ausführungen von Schlabow zur farblichen Gestaltung des Thorsberger Mantels in: Der Thorsberger Prachtmantel, Neumünster 1982, S. 15f
43 Schlabow, 1976, S. 78
44 Cit. nach Thiel, 1968, S. 119
45 Herodot, München 1961
46 Eva Nienholdt, Berlin 1938, unter Kostümbezeichnungen: »Bruche, mhd.

bruoch, kurze Oberschenkelhose für Männer im frühen und hohen MA. Auch von Frauen getragen.« Vgl. auch Thiel, 1968, S. 120 und Kiener, S. 60

47 Thiel, 1968, S. 72

48 Friedrich Dürrenmatt, Zürich 1980, S. 40f

49 Hans-Joachim Mähl, Stuttgart 1964, S. 21, übersetzt das Gedicht wie folgt: »Wer neue Moden bringt durchs Land / Der gibt viel Ärgernis und Schand / Und hält den Narren bei der Hand.« Ebd., S. 448, wird der Holzschnitt von Sebastian Brant erläutert: »Uly von Staufen, das Sinnbild, wie es scheint, eines alten Narren, hält in der rechten Hand einen gefüllten Trinkbecher (mhd. stouffen = Becher) und reicht mit der linken einem jungen, modisch gekleideten Narren einen Spiegel, in den dieser entzückte Blicke wirft. Das Bild trägt auf einem vielfach verschlungenen Spruchband die Überschrift: ›Uly von stouffen frisch und ungeschaffen‹ (d. h. ungestaltet, häßlich), und unter den gespreizten Beinen des eitlen Jünglings die Jahreszahl 1.4.9.4.«

50 Cit. nach Robert v. Spalart, Wien 1807, S. 53f

51 Vgl. Johanna Maria van Winter, München 1969, S. 18: »Die Annahme, daß ›riter‹ die Bedeutung ›Kriegsmann zu Pferde‹ gehabt habe und ›ritter‹ ein Mitglied der Ritterschaft bezeichnete, wurde durch J. Bumkes Untersuchungen (Studien zum Ritterbegriff im 12. und 13. Jh., Heidelberg 1964) revidiert. Beide Begriffe wurden als Übersetzung von ›miles‹ gebraucht und konnten sogar in der allgemeinen Bedeutung ›wehrhafter Diener eines Herren‹ verwendet werden.«

52 Vgl. Georg Buß, 1906, S. 38

53 Norbert Elias, Bd. 1, Frankfurt/Main 1980, S. 269: »Der Krieger des Mittelalters liebte den Kampf nicht nur, er lebte darin. Er verbrachte seine Jugend damit, sich auf Kämpfe vorzubereiten. Wenn er mündig war, schlug man ihn zum Ritter, und er führte so lange Krieg, als es seine Kräfte nur irgend erlaubten, bis ins Greisenalter hinein. Sein Leben hatte keine andere Funktion.«

54 Ebd., S. 270

55 Vgl. Elias, Bd 2, S. 107

56 Cit. nach ebd., S. 106

57 Vgl. Arnold Hauser, München 1973, S. 219

58 Cit. nach Otto Borst, Frankfurt/Main 1983, S. 434ff

59 Ausführliche Beschreibung siehe Thiel, 1968, S. 204ff

60 Paul Post, Halle/Saale 1910, S. 1

61 Ebd., S. 10

62 Ebd., S. 26

63 Vgl. Thiel, 1968, S. 198f, ebenso Post, S. 82: »... entstehen bis zum Beginn des 15. Jahrhunderts zwischen Unterhose und Strümpfen Blößen, die die Darstellung nicht scheut. Erst im Verlauf der ersten Hälfte des 15. Jahrhunderts entschließt man sich dazu, die Strümpfe auch hinten über das Gesäß zu ziehen und am Rock zu befestigen. Doch für das Ungewohnte der damit besonders beim Bücken verbundenen Spannung spricht die sich ... erhaltene merkwürdige Gepflogenheit der unteren Volksschichten, beim Arbeiten die Beinkleider auch weiterhin hinten offen zu tragen.«

64 Vgl. Liselotte Constanze Eisenbart, 1962, S. 91

65 Cit. nach Hanns Floerke, München 1917, S. 14

66 Eisenbart, S. 91

67 Ebd., S. 89

68 Für Frankreich, Spanien und Italien sind die ersten Kleiderordnungen schon im 13. Jahrhundert bekannt; vgl. Eisenbart, S. 6 u. S. 90

69 Eisenbart, S. 92

70 Ebd. S. 95

71 Mainzer Chronik, cit. nach Boehn, Bd. 1, S. 92

72 Eisenbart, S. 95

73 Ebd., S. 95f

74 Sebastian Brant, cit. nach Eisenbart, S. 96

75 Cit. nach Boehn, Bd. 1, S. 92

76 Cit. nach Eisenbart, S. 95

77 Vgl. Veronika Mertens, Remscheid 1983, S. 107

78 Vgl. Thiel, 1968, S. 200 u. Nixdorf/Müller, Berlin 1983, S. 42f

79 Vgl. Elias, Bd. 2, S. 8 - 14 u. S. 365

80 Ebd., S. 354: »Im Abendland vollzieht

sich die Verhöflichung der Krieger ganz allmählich vom 11. oder 12. Jahrhundert an, bis sie schließlich im 17. und 18. Jahrhundert langsam ihren Abschluß findet.«
81 Elias, Bd. 1, S. 299
82 Vgl. Winter, S. 73
83 So der Wappendichter Peter Suchenwirt (gest. 1395), der sich über die Ritter lustig macht, die frühere Übungen der Kraft und Gewandtheit nicht mehr vollziehen konnten, da alle Augenblicke Bänder rissen. Sie müßten sich, solle alles ganz bleiben, starr und steif halten wie Holzscheite. Vgl. Kiener, S. 240
84 Elias, Bd. 2, S. 109
85 Ebd.
86 Ruth Klein, Baden Baden 1950, S. 319
87 Jacob Burckhardt, Leipzig 1869, S. 291
88 Vgl. Elias, Bd. 1, S. 94
89 Siehe Peter Burke, Berlin 1984, S. 285: Der Anteil der datierten Bilder mit weltlicher Thematik in Italien beträgt in der Zeit von 1480 bis 1489 fünf Prozent, von 1530 bis 1539 hingegen zweiundzwanzig Prozent.
90 Agnes Heller, Köln-Lövenich 1982, S. 9
91 Vgl. Weltkunstgeschichte, Darmstadt 1864, S. 184
92 Cit. nach Burke, 1964, S. 200
93 Vgl. Ferdnand Braudel, München 1985, S. 201
94 Vgl. ebd., S. 338
95 Cit. nach Max von Boehn, Bd. 1, München 1982, S. 226
96 Cit. nach Thiel, 1968, S. 293
97 Elias, Bd. 2, S. 429
98 Ebd., Kap. 3, VII: Stärkere Bindung der Oberschicht. Stärkerer Auftrieb von unten.
99 Elias, Bd. 1, S. 247
100 Cit. nach ebd., S. 175
101 Vgl. Nicolson, S. 164
102 Vgl. Elias, Bd. 1, S. 224ff
103 Vgl. ebd., S. 282, auch S. 268: »Die Grausamkeitsentladung schloß nicht vom gesellschaftlichen Verkehr aus. Die Freude am Quälen und Töten anderer war groß, und es war eine gesellschaftlich erlaubte Freude.«
104 Vgl. Boehn, Bd. 1, S. 162ff
105 Cit. nach ebd., S. 180
106 Vgl. ebd.
107 Siehe Döbler, S. 43
108 Cit. nach Klein, S. 289
109 Vgl. ebd., Stichwort: »Diebessäcke«
110 Vgl. Döbler, S. 43
111 Cit. nach Rudolf Schultze, Berlin 1868, S. 53
112 Cit. nach Kiener, S. 241
113 Döbler, S. 46
114 Cit. nach Thiel, 1968, S. 290
115 Auszug aus »Des Heyligen Röm. Reichs Ordnungen. Sampt der Guldin Bull u. aller Reichstäg Abschiden. Worms, Sebastian Wagner, 1536. Fol. Blatt 175ff.: ›Reformation guter Pollicei zu Augsburg 1530. auffgericht.‹«, cit. nach Thiel, 1968, S. 308
116 Boehn, Bd. 1, S. 187
117 Vgl. Schultze, S. 53
118 Näheres siehe Christiane Andersson, Basel 1978, S. 27ff
119 Vgl. Kiener, S. 161
120 Cit. nach Max Osborn, Halle/Saale 1894, S. V.
121 Cit. nach Andreas Musculus, 1555, Hrsg. Max Osborn, S. 3
122 Boehn, Bd. 1, S. 187
123 Vgl. Ludmilla Kybalová, Dresden 1980, S. 129
124 Vgl. Hans Mützel, Berlin 1925, S. 53
125 Cit. nach Friedrich Blau, Kettwig 1985, S. 24
126 Vgl. Osborn, S. VI.
127 Siehe ebd., S. V.
128 Musculus, S. 19f
129 Cit. nach Osborn, S. XI.
130 Ebd.
131 Vgl. Eisenbart, S. 100
132 Musculus, S. 21
133 Ebd., S. 10
134 Ebd., S. 14
135 Ebd., S. 11
136 Ebd., S. 15f
137 Ebd., S. 17
138 Vgl. Boehn, Bd. 1, S. 200
139 Cit. aus »Conterfet Kupfferstich [...] deren jenigen regierenden großen Herren [...]«, Leipzig 1721, Bd. 1, S. 126. Lipperheide'sche Kostümbibliothek, Berlin
140 Archidux = »Erzherzog«, mächtigster Herzog oder Fürst; Mercator = Handelsmann, Kaufmann, bes. der Kaufherr,

Großhändler (Abgrenzung zum Krämer); Barc = (barcarius, vielleicht: Schiffer, Schiffsführer?). Aus: Mittellateinisches Wörterbuch, München 1959/67, Bd. 1

141 Vgl. Bert Bilzer, Braunschweig 1961, S. 34, der verschiedene Beispiele für die Uniformierung des Hofstaates anführt.

142 René König, 1971, S. 169f, über die schwarze Tracht der spanischen Monarchie, Cit. von Richard Alewyn: »Das Schwarz ist aber auch der natürliche Ausdruck des neuen Pessimismus, der sich über die Welt breitete, ... Das Leben lohnt nicht die Mühe, der Mensch ist ein lebender Leichnam, die Welt ein Trauerhaus – so tönt es von allen Kanzeln. Was Wunder, daß alle Welt die Farbe der Trauer anlegte. ... Dem weltfeindlichen Pathos ... waren die schillernden Samte und Seiden ein gottloser Greuel.«

143 Vgl. James Laver, München 1951, Beitrag von Brian Reade, S. 196

144 Über den historisch richtigen Sachverhalt wurde noch keine Einigkeit erzielt. Max v. Boehn geht von einer spanischen Erfindung aus (Vgl. Boehn, Bd. 1, S. 202), während Thiel, 1968, S. 313 einen englischen Ursprung annimmt: »Die Stricktechnik war zwar schon im späten Mittelalter bekannt gewesen, doch bis zur Mitte des 16. Jh. wurden Beinlinge bzw. Srümpfe von Hosenschneidern zugeschnitten und genäht. Zuerst hören wir im Jahre 1519 in Nottingham von der Herstellung gestrickter Strümpfe. Im Jahre 1547 werden seidene Strümpfe als Geschenk an Heinrich VIII. von England erwähnt. ... Die Erfindung des mechanischen Strumpfwirkstuhls im Jahre 1589 hat dem Seidenstrumpf viel von seiner Kostbarkeit genommen und dazu beigetragen, daß er schließlich für eine elegante Kleidung zur Selbstverständlichkeit wurde ... .«

145 Vgl. Boehn, Bd. 1, S. 205, der Heinrich III. als Erfinder des Gänsebauchs anführt. Dagegen spricht, daß sich Philipp II. schon 1560 in einem Prunkharnisch mit Gänsebauch darstellen läßt, zu einer Zeit, in der Heinrich III. gerade neun Jahre alt war. Auch ein »Historisch-literarisches Anekdoten- und Exempelbuch« (vgl. Anm. 146) berichtet schon um 1559 über einen »falschen Bauch« Franz II.

146 Vgl. Mützel, S. 239

147 Ebd. S. 313

148 Vgl. Boehn, Bd. 1, S. 203

149 Cit. nach Kybalová, S. 163

150 Vgl. Thiel, 1968, S. 318

151 Kiener, S. 244

152 Cit. nach Boehn, Bd. 1, S. 206

153 Vgl. Thiel, 1968 S. 335 und Bilzer, S. 32

154 Vgl. Thiel, 1968, S. 335

155 Während Pumphosen sich nach unten verengen, sind »Schlumperhosen« gleichmäßig weit geschnitten. Beide Hosenarten werden über oder unter dem Knie gebunden.

156 Theatrum Europaeum, beschrieben durch Joannem Philippum Abelinum, verlegt in Frankfurt am Main bey Daniel Fiever, im Jahr nach Christi Geburt 1662, Bd. 1, S. 16f. Untertitel des zwölf Bände umfassenden Werkes: »Außführliche und wahrhafftige Beschreibung aller und jeder denckwürdigen Geschichten, so sich hin und wieder in der Welt / fürnemblich aber in Europa, und Teutschlanden / so wol im Religion- als Prophan=Wesen / vom Jahr Christ 1617 biß auff das Jahr 1629 exclus. bey Regierung deren beyden Glorwürdigsten / Allerdurchlauchtigsten / und unüberwindlichsten Römischen Kaysern Matthiä und Ferdinandi deß Anderen / allerhöchstseeligster Gedächtnuß / sich zugetragen haben«

157 Vgl. Boehn, Bd. 1, S. 261ff

158 Vgl. Thiel, 1968, S. 348

159 Cit. nach ebd. S. 343

160 Französische Mode, eingeführt von Heinrich IV. von Frankreich

161 v. Sichart, S. 362

162 Cit. nach Boehn, Bd 1, S. 308f

163 Hierzu Thiel, 1968, S. 366: »In den dreissiger Jahren des 17. Jahrhunderts wurden in Frankreich fast jährlich Gesetze erlassen, die den Kleiderluxus insbesondere die Verwendung von Spitzen einschränken oder gar verbieten sollten, denn im-

mer noch mußten die meisten Luxuswaren aus Italien importiert werden.«

164 Vgl. Elias, Bd. 1, S. 247

165 Eva Nienholdt beschreibt in ihrer ›Kostümkunde‹ (Braunschweig 1961) noch erhaltene höfische Kostüme des 17. Jahrhunderts, die sich formal zunächst an die Spanische Tracht anschließen. Sie nennt folgende Originale (eine Auswahl): 2 Kostüme des 1612 verstorbenen Herzogs Moritz von Sachsen-Lauenburg (Hannover, Landesmuseum); Anzüge und Wämser Gustav Adolphs († 1632) im Nordischen Museum, Stockholm; Kostüme im Victoria and Albert Museum in London, speziell aus dem Besitz der Familie Isham; einzelne Wämser im Germanischen Nationalmuseum in Nürnberg sowie im Hessischen Landesmuseum in Darmstadt; dänische Königsgewänder in Schloß Rosenborg, Kopenhagen; Bestände des Historischen Museums in Dresden: z. B. reich gemusterter grünseidener Anzug des Kurfürsten Johann Georg von Sachsen; Victoria and Albert Museum: Anzug aus gelbem Atlas mit ganz kleinen Schlitzen durchsetzt, zwischen denen Bortenbesatz verläuft, Anzug aus weißem gepunkteten Atlas; 2 Anzüge des Prinzen Christian von Dänemark, ein Brokatanzug und ein sehr charakteristischer aus braunem Tuch mit Silberstickerei in Schloß Rosenborg; Kostüm König Karl X. Gustavs von Schweden (1654 bis 1660, Stockholm, Leibrüstkammer)

166 Cit. nach Boehn, Bd. 1, S. 308

167 Kiener, S. 103

168 Grimmelshausen, München 1985, S. 46

169 Zwei bekannte Veröffentlichungen aus der Zeit befinden sich in der Sammlung der Lipperheide'schen Kostümbibliothek, Berlin: Allmodischer Jahrmarck oder Auffgeschmuckter Kleyder Teuffel. Allen Tausendschönen / bey den Jungen vnd Alten Allmodischen Monsieuren / vnd Damen zu Ehren / Nutz vnd Zeitvertreib verfast. o. O. Gedruckt im Jahr 1629.
Alamodische Hobelbanck. Daß ist: Ein...Discurs, zweyer Adelspersonen / welche sie von den Alamodischen / ja vilmehr von den jetzigen im Schwung gehenden vnhöfflichen Sitten / närrischen Gebräuch vnd Mißbräuchen / als da ist in Klaidern / Gebärden / Gehen / vnd Basolaßmanos machen / so sie bey etlichen Völkern im Durchraisen / sonderlichen aber bey den vngewanderten Teutschen wargenommen / halten. Gedruckt zu Augspurg / durch Andream Aperger, 1630.

170 Honoré d'Albert, Seigneur de Cadenet, soll als erster einen kleinen Zopf getragen haben, daher die Bezeichnung »Cadenette«.

171 Allmodischer Kleyder Teuffel, Frankfurt am Main 1629, Erster Theil des Discurß, Cap. VIII.

172 Ebd., Cap. II.: Von mancherley üppigen vnnd prächtigen Zierathen des Leibs.

173 Ebd., Zweiter Teil, S. 27

174 Cit. nach Kybalová, S. 178

175 Cit. nach Boehn, Bd. 1, S. 268

176 Cit. nach Kybalová, S. 178

177 Cit. nach Thiel, 1968, S. 368

178 Vgl. Boehn, Bd. 1, S. 309

179 Katalog des Victoria and Albert Museum, London 1951: 17th and 18th Century Costume

180 Vgl. Boehn, Bd. 1, S. 309

181 Eisenbart, S. 102f

182 Cit. nach Bruhn-Skarbina, Leipzig 1938, S. 44

183 Vgl. James Laver, Wien 1970, S. 112: »Nicht weniger als 225 m Band in Büscheln wurden für ein einziges Paar ›Rheingrafen‹ verwendet.«

184 Erik Grawert-May, Tübingen 1980, S. 54

185 Nicolson, S. 212

186 Elias, Bd. 2, S. 276

187 Friedrich Schiller, cit. nach Leo Balet, Berlin/Frankfurt 1973, S. 128

188 Vgl. Balet, S. 221f: »Ihre (des ›Sturm und Drang‹) Jugend fiel in die Jahrzehnte der sich allmählich vollziehenden bürgerlichen Befreiung. Rousseaus Hauptwerke erschienen gerade in den geistigen Pubertätsjahren dieser heranwachsenden Jugend und mußten diesen Unfertigen die Köpfe vollends verdrehen. ... Es war somit die selbstverständlichste Sache von

der Welt, daß diese Generation von 1750 in der Zeit um 1770 von dem Taumel des Neuen unwiderstehlich mitgerissen wurde, daß sie sich sofort rüstete, mit einer ihrer Jugend entsprechenden bravourösen Wildheit gegen das immer mehr verfallende und verfaulende Alte anzustürmen, und daß sich das immer steiler anwachsende bürgerliche Selbstbewußtsein bei ihr in tollster Weise überschlug. Diese Bewegung konnte von selbst nur von kurzer Dauer sein. So wie sich die Jugend mit dreißig Jahren gewöhnlich ausgetobt hat, begann auch um 1780 der Sturm in Deutschland abzuflauen und sich endlich zu legen.«

189 Cit. nach Balet, S. 317

190 Ebd., S. 301

191 Ebd., S. 84

192 Der fromme, bibelfeste und sparsame Friedrich Wilhelm von Preußen bildet hierfür ein beredtes Beispiel. Die Gräfin von Kolbe-Wartenberg, eine Schankwirtstochter aus Cleve, diente ihm als Maitresse, ohne daß er für die gezahlte Apanage die üblicherweise zu erbringende Gegenleistung einforderte. Vgl. Balet, S. 47

193 Boehn, Bd. 1, S. 283, über Wirtschaften: »Theaterspielen wurde für die von der Etikette in quälende Fesseln geschlagenen Höfe geradezu eine Notwendigkeit, wollten sich Herrscher und Beherrschte auch einmal als Menschen fühlen. So erfand man die Unterhaltung der sogenannten Wirtschaften, bei denen sich der Fürst und die Fürstin als Gastwirt und Gastwirtin, die ganze Hofgesellschaft als Kellner, Stubenmädchen, Hausknechte und so fort maskierte und während der Dauer des Festes an ihren Rollen festhielt.«

194 Thiel, 1968, S. 427: »So unterschied man beispielsweise auf den Donauschiffen beim Fahrpreis zwischen ›gepuderter‹ und ›gemeiner Person‹.«

195 Vgl. Kybalová, S. 207

196 Hauser, S. 518, über die Salons des 18. Jahrhunderts, die den Hof wieder in Privatgesellschaften auflösen: »Die ›Stadt‹ beschränkt sich nicht mehr auf ein Dasein neben dem ›Hof‹, sie verdrängt den Hof und übernimmt seine Kulturfunktion.«

197 Boehn, Bd. 2, S. 70: »Während des ganzen Jahrhunderts war der Bart streng verpönt, nur Schauspieler, die Mörder oder Straßenräuber spielten, trugen einen Schnurrbart.«

198 Mützel, S. 318

199 v. Sichart, S. 427

200 Vgl. Boehn, Bd. 2, S. 63

201 Ebd.

202 Vgl. v. Sichart, S. 426

203 Boehn, Bd. 2, S. 61

204 Ebd., S. 50

205 Cit. nach Nicolson, S. 234

206 M. Schlenke, Berlin 1974, S. 647f

207 Cit. nach Thiel, S. 439f

208 Cit. nach Eric J. Hobsbawm, Frankfurt/Main 1974, S. 24

209 Cit. nach Christina Kröll, Düsseldorf 1978, S. 53

210 Journal der Moden, September 1786, S. 324

211 Döbler, S. 121

212 Vgl. Thiel, 1968, S. 429

213 Ebd.

214 Kybalová, S. 223

215 Ebd.

216 Hierzu Kröll, S. 4: »Im Jahr 1786 gründete Friedrich Justin Bertuch in Weimar das ›Journal des Luxus und der Moden‹ und damit die erste deutsche Modezeitschrift im eigentlichen Sinn. Sie bestand rund vierzig Jahre und brachte ihren Leserinnen monatlich in Beiträgen und kolorierten Kupferstichen das Neuste vom Neusten aus Paris, London, Wien, den deutschen Städten und Badeorten. Das Düsseldorfer Goethe-Museum besitzt die Zeitschrift nahezu komplett.«

217 Cit. nach Thiel, 1968, S. 438

218 König, 1971, S. 155

219 Albert Soboul, Ffm 1973, S. 574

220 Vgl. ebd. S. 13

221 Ebd. S. 12

222 Cit. nach Döbler, S. 110

223 Vgl. Thiel, 1968, S. 462

224 Vgl. Soboul, S. 568f

225 Döbler, S. 115, vgl. auch Thiel, 1968, S. 470

226 Soboul, S. 395
227 Vgl. ebd.
228 Die ›Unglaublichen‹, die ›Wunderbaren‹; die Bezeichnungen werden zur Zeit des Direktoriums verwendet, sind aber auch für die Jahre vorher zutreffend. Vgl. Soboul, S. 394
229 Vgl. Soboul, S. 393
230 Kybalová, S. 240
231 Vgl. Journal des Luxus und der Moden, September 1801, S. 515ff, Artikelüberschrift: »Modetorheiten, oder: Man kann auch alles übertreiben.«
232 Die ›Neuen Moden‹ um 1350 (siehe Kapitel »Das Friedenskleid des Ritters«) sind die einzige Ausnahme. Der Übergang vom wallenden Gewand zu enganliegenden Beinkleidern war jedoch auf Veränderungen in der Rüstung zurückzuführen, bedeutet keinen ›Modewechsel‹ im heutigen Sinne.
233 Cit. nach Johannes Kleinpaul, Mönchen-Gladbach 1919, S. 53, vgl. auch Döbler S. 119
234 Vgl. Döbler, S. 119
235 Cit. nach Kleinpaul, S. 53. Döbler, S. 119, nennt für diese Begebenheit das Jahr 1799
236 Vgl. Thiel, 1968, S. 464
237 Vgl. König, 1971, S. 210
238 Cit. nach Boehn, Bd. 2, S. 63
239 Cit. nach Kleinpaul, S. 53f
240 Vgl. Thiel, 1968, S. 514
241 Vgl. Kunst der bürgerlichen Revolution von 1830 bis 1848/9, Berlin 1972, S. 99
242 Wiederkehr-Benz, S. 43
243 Vgl. König, 1971, S. 168
244 Georges Brummel (Pseudonym), Dresden 1910, S. 15
245 Ebd., S. 30
246 Vgl. J. C. Flugel (Fluegel), London 1966, S. 110ff über »The Great Masculine Renuntiation«
247 König, 1971, S. 171
248 Max Weber, Stuttgart 1968, S. 362
249 Cit. nach Leo Kofler, Neuwied/Berlin 1971, S. 408
250 Benjamin Franklin, Tugenddarstellungen, cit. nach Gert Ueding, Frankfurt/Main 1982, S. 524
251 Hauser, S. 760
252 Vgl. Kiener, S. 146
253 James Laver, London 1945, S. 186
254 Oskar A. H. Schmitz, cit. nach Boehn, Bd. 2, S. 321f
255 Hobsbawm, S. 407
256 Vgl. ebd.
257 Ebd., S. 410
258 Ebd., S. 408
259 König, 1971, S. 175
260 Der Name Biedermeier setzt sich zusammen aus den Namen zweier Figuren aus den zeitgenössischen »Fliegenden Blättern«: Biedermann und Bummelmaier. Mit Biedermeier bezeichnet man seitdem einen bestimmten Lebenstil, die kleinbürgerliche Welt dieser Tage, die Beschränktheit der Verhältnisse, die große Geister hemmte aber auch ruhige Genügsamkeit aufkommen ließ. Vgl. Bilzer, S. 71
261 Boehn, Bd. 2, S. 208
262 Ebd.
263 v. Sichart, S. 452
264 Cit. nach Thiel, 1968, S. 518
265 Brummel (Pseud.), S. 15
266 Eine erste funktionsfähige Nähmaschine wurde von dem Franzosen Berthélemy Thimonnier konstruiert und 1830 patentiert. Vgl. Thiel, 1968, S. 510
267 Vgl. Artur Zickler, Köln 1963, S. 64f
268 Übliche Schreibweise: »Brummell«, manchmal auch Brummel
269 Brummel (Pseud.), S. 12
270 Ebd., S. 9
271 Ebd. S. 32
272 Ebd. S. 7f
273 Mützel, S. 320
274 Cit. nach ebd., S. 321
275 Was ziehe ich an? Für die Herrenwelt zusammengestellt. Ohne Autor, o. O. 1910
276 Johannes Kleinpaul, Mönchen-Gladbach 1919
277 Bilzer, S. 92
278 Wolfgang Fritz Haug, Frankfurt/Main 1972, S. 113
279 Harald Binder, Stuttgart 1977, S. 76
280 Wiederkehr-Benz, S. 89
281 Vgl. Binder, S. 74
282 Vgl. Werner Kroeber-Riel/Gundolf Meyer-Hentschel, Würzburg 1982, S. 12
283 Kroeber-Riel/Meyer-Hentschel, Wie die Tiere gedrillt, in: Wirtschaftswoche,

Heft 20/1982, S. 88
284 HOM – Textilwerbung, 1987, Archiv der Autorin
285 Vgl. Haug, S. 109
286 Vgl. ebd., S. 68
287 Ebd., S. 64
288 Ebd., S. 110
289 Von dieser Aussage ausgenommen sind die Halbstarken, auch Teddy Boys genannt, eine jugendliche Gruppierung, die sich an Rock 'n' Roll-Stars wie Elvis Presley, Bill Haley oder Tommy Steele orientierte. In »Schmachtlocken«, weiten Hemden, Lederjacken, schmalen Schlipsen und schlechtsitzenden Anzughosen – oben weit und unten eng – trugen sie demonstrativ ihren Unmut über die neu etablierte Gesellschaft und ihre Wertvorstellungen zur Schau.
290 Vgl. Haug, S. 52
291 Wiederkehr-Benz, S. 44
292 Vgl. hierzu Wiederkehr-Benz, S. 87: »Möglicher Weise laufen heute zwei Modezyklen parallel, ein Jugendzyklus und ein sozialer Zyklus. Der soziale Zyklus wird von der Haute Couture in Paris ausgelöst; Auswahl und Durchbruch einzelner Modelle wird vom ›international‹ oder ›jet set‹ geleitet. Die Ausbreitung dieses Modezyklus erfolgt in der sozialen Hierarchie von oben nach unten. Demgegenüber beginnt der Jugendzyklus mit individuellen ›spleens‹ von Avantgardisten, die von der Wirtschaft aufgegriffen, verkommerzialisiert und via Jugendstars ... der breiten Masse der Jugendlichen zugeführt werden .... Die Gewichtsverlagerung von einem sozialen zu einem Jugendzyklus mag Indiz sein für die zunehmende Bedeutung der jüngeren Generation und darüber hinausfür das wachsende Interesse am Jungsein überhaupt.«
292 Vgl. hierzu Ingrid Loschek, München 1984, S. 248: »Die Jugend wurde zur stärksten Käuferschicht. Im Jahre 1967 erwarben die 15- bis 19jährigen 60 % aller Modeartikel.«
294 Vgl. König, 1971, S. 299ff
295 Friedmar Apel, Berlin 1984, S. 100
296 Vgl. hierzu Wiederkehr-Benz, Kap. 45: Ökonomische Einflüsse auf das Modeverhalten, Punkt 4512 – Freizeit, S. 89f
297 Vgl. Peter-André Alt, Über den neuen Hedonismus, in: Kursbuch 79, Berlin 1985, S. 57
298 Herren Journal Intern, 2/87, über neue Modekollektionen
299 »Außenhaut« wird hierbei nicht nur als Kleidung (Zweite Haut) sondern auch als durch Bodybuilding oder Solarium in Fasson gebrachte eigentliche Haut verstanden.
300 Wiederkehr-Benz, S. 123
301 Carlo Michael Sommer/Thomas Wind, Jugendstil, in: Psychologie heute, Heft 10/1985, S. 26
302 Vgl. Apel, S. 156
303 Vgl. Sommer/Wind, S. 22
304 Alt, S. 57
305 Cit. nach Michael Sontheimer, Post-Punk und Neo-Rokoko, in Kursbuch 79, Berlin 1985, S. 168

# Literatur

Allmodischer Kleyder Teuffel siehe Ellinger
Alt, Peter-André, Über den neuen Hedonismus, in: Kursbuch 79, Berlin 1985, S. 55-69
Amman, Jost/Hans Sachs siehe Ständebuch
Andersson, Christiane, Dirnen – Krieger – Narren. Ausgewählte Zeichnungen von Urs Graf, Basel 1978
Apel, Friedmar, Angezogen Ausgezogen. Bilder und Texte zum inszenierten Leben, Berlin 1984
Arnold, Janet, Patterns of Fashion. The cut and construction of clothes for men and women c. 1560-1620, London 1985
Ashey, Maurice, Das Zeitalter des Barock. Europa zwischen 1598 und 1715, München 1968
Avantgarde-Mode. Louis XVI. bis Art deco, Berlin 1983
Baake, Dieter, Der leise Widerstand, in: Psychologie heute, H. 7, 8/1980

Balet, Leo, Die gesellschaftlichen Grundlagen der Goethezeit, Berlin - Frankfurt/Main 1973
Barsis, Max, The common Man through the centuries (A book of costume drawings), New York 1973
Bernstein, Paul, Wie sollen wir uns kleiden? (Vorwärts) 1908
Bilzer, Bert, Meister malen Mode (600 Jahre Kultur- und Kostümgeschichte in berühmten Gemälden), Braunschweig 1961
Binder, Harald, Werbung. Verpackung. Design. Aspekte des Kunstunterrichts und der Visuellen Kommunikation, Stuttgart 1977
Blaetter für Kostümkunde. Historische und Volks-Trachten nach authentischen Quellen, Franz Lipperheide, Berlin 1976
Blau, Friedrich, Die Deutschen Landsknechte. Ein Kulturbild, Kettwig (Vorwort: 1985), (überarbeitete Ausgabe der 2. Aufl. von 1882, lt. Vorwort)
Bleckwenn, Ruth (Hg.), Kleidung und Mode, Baltmannsweiler 1981
Boehn, Max von, Die Mode, Bd. 1: Eine Kulturgeschichte vom Mittelalter bis zum Barock, Bd. 2: Eine Kulturgeschichte vom Barock bis zum Jugendstil, 2. durchges. Aufl., bearb. v. Ingrid Loschek, München 1982
Bonnard, Camille, Costumes des 13^e^, 14^e^ et 15^e^ siécles, Paris 1829
Borst, Otto, Alltagsleben im Mittelalter. Mit zeitgenössischen Abbildungen, Frankfurt/Main 1983
Bovenschen, Silvia (Hg.), Die Listen der Mode, Frankfurt/Main 1986
Braudel, Fernand, Der Alltag, München 1985
Brant, Sebastian, Das Narrenschiff, übertr. v. H. A. Junghans, durchges. u. neu hg. v. Hans-Joachim Mähl, Stuttgart 1964
Bringemeier, Marta, Ein Modejournalist erlebt die Französische Revolution, Münster 1981
Bringemeier, Marta, Wandel der Mode im Zeitalter der Aufklärung
Bruhn, Wolfgang/Helmut Skarbina, Kostüm und Mode – eine bunte Fibel, Leipzig 1938
Brummel, Georges (Pseudonym), Der gutgekleidete Mann – Ein Berater für Geschnack und Korrektheit in der Herrenkleidung, Dresden 1910
Burckhardt, Jacob, Die Cultur der Renaissance in Italien. Ein Versuch von J. B., Leipzig ²1869
Burke, Peter, Die Renaissance in Italien. Sozialgeschichte einer Kultur zwischen Tradition und Erfindung, Berlin 1984
Burke, Peter, Städtische Kultur in Italien zwischen Hochrenaissance und Barock, Berlin 1986
Buß, Georg, Das Kostüm in Vergangenheit und Gegenwart, Bielefeld - Leipzig 1906
Christensen, Sigrid Flamand, Die männliche Kleidung in der süddeutschen Renaissance, Berlin 1934
Codex Manesse. Die Miniaturen der Großen Liederhandschrift, Frankfurt/Main 1988
Colas, René, Bibliographie géneral du costume et de la mode, New York 1963
Damase, Jacques (Hg.), Premier Vestiaire pour l'histoire du Costume Masculin. Vol. 1: Apparat, Rites et Simulacres, Paris 1983
Döbler, Hannsferdinand, Vom Lendenschurz zum Minirock, München 1972
Döbler, Hannsferdinand, Von Dionysos zur Götterdämmerung, München 1973
Duerr, Hans Peter, Nacktheit und Scham. Der Mythos vom Zivilisationsprozeß, Bd. 1, Frankfurt/Main 1988
Ebin, Victoria, The Body Decorated, London 1979
Eisenbart, Liselotte Constanze, Kleiderordnungen der deutschen Städte zwischen 1350-1700, Frankfurt/Main 1962
Elias Norbert, Die höfische Gesellschaft, Darmstadt 1983
Elias, Norbert, Über den Prozeß der Zivilisation. Soziogenetische und psychogenetische Untersuchungen, Bd. 1: Frankfurt 1980, Bd. 2: Frankfurt 1979
Ellinger, Johann, Allmodischer Kleyder Teuffel. ... Frankfurt/Main 1629
Falke, Jacob von, Costümgeschichte der Naturvölker..., Stuttgart 1881
Fehling, U./H. Brost, Kostümkunde im Wandel der Zeiten, Leipzig 1983
Fink, August, Die Schwarzschen Trachtenbücher, Berlin 1963
Floerke, Hanns (Hg.), Die Moden der italienischen Renaissance, München 1917
Flugel (auch: Fluegel), J. C., The Psychology of Clothes, London ⁴1966
Friedell, Egon, Kulturgeschichte der Neuzeit – Die Krisis der europäischen Seele von der Schwarzen Pest bis zum Ersten Weltkrieg, München 1969 (Nachdr. d. Ausg. 1927)

Fuchs, Eduard, Illustrierte Sittengeschichte, 3 Bde., (Nachdr. d. Ausg. 1909-1912)
Giatterri, Paul-Louis de, Histoire du Costume Masculine Français, Paris 1927
Göttinger Schriften siehe Schlabow, Textilfunde
Grawert-May, Erik, Zur Geschichte von Polizei- und Liebeskunst. Versuch einer anderen Geschichte des Auges, Tübingen 1980
Grimmelshausen, Hans Jakob Christoffel von, Simplicius Simplicissimus. Der Abenteuerliche Simplicissimus Teutsch, München 1985
Guérin, Daniel, Klassenkampf in Frankreich – Bourgeois et »bras nus« 1793-1779, Frankfurt/Main 1979
Hauff, Moden und Trachten, 1840
Haug, Wolfgang Fritz, Kritik der Warenästhetik, Frankfurt/Main 1972
Hauser, Arnold, Sozialgeschichte der Kunst und Literatur, München 1973
Hefner-Alteneck, J. H. von, Trachten, Kunstwerke und Geräthschaften. Vom frühen Mittelalter bis Ende des 18. Jahrhunderts, Bd. 1-7, 1879-1886
Heller, Agnes, Der Mensch der Renaissance, Köln-Lövenich 1982
Helm, Rudolf, Deutsche Volkstrachten aus der Sammlung des Germanischen Museums in Nürnberg mit 115 Trachtenbildern, München 1932
Herren Journal Intern (früher: Modediktator), H. 2/1987
Hobsbawm, Eric J., Industrie und Empire I. Britische Wirtschaftsgeschichte seit 1750, Frankfurt/Main 1974
Hobsbawm, Eric J., Zum Zusammenhang von Erwerbsleben und bürgerlicher Familienstruktur, in: Seminar Familie und Gesellschaftsstruktur, hg. v. Heidi Rosenbaum, Frankfurt 1978
Hofer, Alfons, Textil- und Modelexikon, Frankfurt/Main 1979
Hottenroth, Friedrich, Deutsche Volkstrachten – städtische und ländliche – vom XVI. Jahrhundert an bis zum Anfange des XIX. Jahrhunderts. Volkstrachten aus Süd- und Südwest-Deutschland von F. Hottenroth, Frankfurt/Main 1898
Hottenroth, Friedrich, Handbuch der Deutschen Tracht (2 Halbbde.), Stuttgart 1892-1896
Horn, Marilyn J., The second skin. An interdisciplinary study of clothing, Boston 1975
Journal der Moden, hg. v. Bertuch/Kraus, Weimar, Jahrgang 1786
Journal des Luxus und der Moden, hg. v. Bertuch/Kraus, Weimar, Jahrgänge 1787-1813
Journal für Literatur, Kunst, Luxus und Mode, Weimar, Jahrgänge 1816 u. 1817
Katalog: »Anziehungskräfte« Variété de la Mode 1786-1986, Münchner Stadtmuseum 1987
Katalog: »The Costume Court« With notes on related material elsewhere in the museum, Autor: Madeleine Ginsburg, hg. v. Victoria and Albert Museum, London 1971
Katalog: »Four Hundred Years of Fashion«, Vorwort: Sir Roy Strong, Texte: Madeleine Ginsburg, Avril Hart, Valerie D. Mendes, hg. v. Victoria and Albert Museum, London 1984
Katalog: »Heimliche Verführung« Ein Modejournal 1786-1827, Christina Kröll, Ausst. d. Goethe-Museums Düsseldorf 1978
Katalog Bd. 1 u. 2 der Lipperheide'schen Kostümbibliothek, Berlin 1896-1905
Katalog: »Mode – das inszenierte Leben«, Bazon Brock, 1972/3, Katalog vom internationalen Design Center
Katalog: »Moments de Mode«, Musée des Arts de la Mode, Paris 1986
Kataloge (29 Bände) des »Musée du Costume de la Ville de Paris«, Annexe du »Musée Carnavalet« (1956-1976) bzw. »Musée des la Mode et du Costume« (1979-1984), betreut von Madeleine Delpierre
Katalog: »17th and 18th Century Costume«, Einführung: James Laver, hg. v. Victoria and Albert Museum, London 1959 (Erstveröffentlichung: 1951)
Katalog: »Weiße Westen – Rote Roben« Von den Farbordnungen des Mittelalters zum individuellen Farbgeschmack, Verf.: Heide Nixdorff/Heidi Müller, hg. v. Staatl. Museen Preuß. Kulturbesitz, Berlin 1983
Katalog: »Zweihundert Jahre Mode im Wandel der Zeit«, Ausst. Goethe-Institut München, 1975
Kidwell, Claudia B., Suiting everyone. The democratization of clothing in America, Washington D.C. 1974
Kiener, Franz, Kleidung, Mode und Mensch. Versuche einer psychologischen Deutung, München 1956

Klein, Ruth, Lexikon der Mode. 3 Jahrtausende Europäischer Kostümkunde, Baden-Baden 1950
Kleinert, Annemarie, Die frühen Modejournale in Frankreich. Studien zur Literatur der Mode von den Anfängen bis 1848, Berlin 1980
Kleinpaul, Johannes, Wie wir uns kleiden. Kulturgeschichtliche Bilder aus alter und neuer Zeit, Mönchengladbach 1919
Koehler, Karl, Entwicklung der Tracht in Deutschland während des Mittelalters und der Neuzeit, mit besonderer Berücksichtigung der jezeitigen, für die einzelnen Kleidungsstücke üblichen Herstellungsweise. Ein Hand- und Lehrbuch v. K. Koehler, Nürnberg 1877
König, René, Macht und Reiz der Mode. Verständnisvolle Betrachtung eines Soziologen, Düsseldorf - Wien 1971
König, René, Menschheit auf dem Laufsteg. Die Mode im Zivilisationsprozeß, München 1985
König, René, Die Mode in der menschlichen Gesellschaft, Zürich 1958
Kofler, Leo, Zur Geschichte der bürgerlichen Gesellschaft, Neuwied - Berlin 1971
Kretschmer, Albert, Trachten der Völker vom Beginn der Geschichte bis zum 19. Jahrhundert in 100 Tafeln zusammengestellt, gezeichnet u. lithographirt von A. Kretschmer. Text: Dr. Carl Rohrsbach, Leipzig 1864
Kroeber-Riel, Werner/Gundolf Meyer-Hentschel, Steuerung des Konsumentenverhaltens, Würzburg 1982
Kroeber-Riel, Werner, Wie die Tiere gedrillt, in: Wirtschaftswoche, H. 20/1982
Kröll, Christina siehe Katalog: »Heimliche Verführung«
Kursbuch 42: Unsere Bourgeoisie, Berlin 1975
Kursbuch 65: Der große Bruch – Revolte 81, Berlin 1981
Kursbuch 79: Der gute Geschmack, Berlin 1985
Kybalová, Ludmila, Das große Bilderlexikon der Mode. Vom Altertum zur Gegenwart, Dresden 1980
Langner, Lawrence, Vom Sinn und Unsinn der Kleidung, Berlin - Frankfurt/Main - Wien 1964
Laver, James, Dandies, London 1968
Laver, James siehe auch Katalog: »17th and 18th Century Costume«
Laver, James (Hg.), Das Kostüm. Eine Geschichte der Mode. Renaissance und Frühbarock, München 1951
Laver, James, Die Mode (Übers. d. engl. Originalausg.: A Concise History of Costume), Wien 1970
Laver, James, Taste and Fashion. From the French Revolution to the Present Day, London 1945
Leloir, M. Maurice (Hg.), Histoire du Costume de l'Antiquité á 1914 (3 Bde.), Paris 1935-1949
Lenning, Gertrud, Kleine Kostümkunde, Berlin (1929)
Lipperheide'sche Kostümbibliothek siehe Kataloge Lipperheide'sche Kostümbibliothek
Loschek, Ingrid, Mode im 20. Jahrhundert. Eine Kulturgeschichte unserer Zeit, München 1984
Mähl siehe Brant
Mertens, Veronika, Mi-Parti als Zeichen. Zur Bedeutung von geteiltem Kleid und geteilter Gestalt in der Ständetracht, in litertarischen und bildlichen Quellen sowie im Fastnachtsbrauch vom Mittelalter bis zur Gegenwart, Remscheid 1983
Mützel, Hans, Vom Lendenschurz zur Modetracht. Aus der Geschichte des Kostüms, Berlin 1925
Musculus, Andreas, Vom Hosenteufel (1555), hg. v. Max Osborn, Halle/Saale 1894
Muther, Richard, Die Deutsche Bücherillustration der Gothik und Frührenaissance (1460-1530), Bd. 1, München 1884
Nicolson, Harold, Vom Mandarin zum Gentleman. Formen der Lebensart in drei Jahrtausenden, München 1958
Nienholdt, Eva, Die deutsche Tracht im Wandel der Jahrhunderte, Berlin 1938
Nienholdt, Eva, Kostümkunde. Ein Handbuch für Sammler und Liebhaber (= Bibliothek für Kunst- und Antiquitätenfreunde, Bd. XV), Braunschweig 1961
Nitsche, Rainer/Walter Kröber, Grundbuch zur bürgerlichen Gesellschaft 1, Darmstadt 1979
Nixdorff/Müller siehe Katalog: »Weiße Westen – Rote Roben«
Osborn siehe Musculus
Post, Paul, Die französisch-niederländische männertracht, einschließlich der ritterrüstung

im zeitalter der spätgotik 1350-1475, Halle/Saale 1910
Prodinger, Friederike/Reinh. R. Heinisch, Gewand und Stand, Salzburg - Wien 1983
Prudence, Glynn, Skin to Skin. Eroticism in Dress, London 1982
Riecken, Harald, Bewegungsfreude und Männertracht, 1910
Riecken, Harald, Die Männertracht im neuen Deutschland, Heckershausen über Kassel 1934
Rittner/Mrazek, Neues Glück aus dem Körper, in: Psychologie heute, H. 13, 11/1986
Rumpf, Fritz, Der Mensch und seine Tracht ihrem Wesen nach geschildert, Berlin 1905
Schlabow, Karl, Textilfunde der Eisenzeit in Norddeutschland (= Göttinger Schriften zur Vor- und Frühgeschichte, Bd. 15), Neumünster 1976
Schlabow, Karl, Der Thorsberger Prachtmantel. Schlüssel zum altgermanischen Webstuhl, Neumünster 1982
Schlabow, Karl, Trachten der Eisenzeit, Neumünster 1967
Schlenke, M. Sozialgeschichtliche Aspekte der Revolution in England, Berlin 1974
Schultze, Dr. Rudolf, Die Modenarrheiten. Ein Spiegelbild der Zeiten und Sitten für das deutsche Volk, Berlin 1868
Schwarzsche Trachtenbücher siehe Fink
Sichart, Emma von, Praktische Kostümkunde in 600 Bildern und Schnitten (2 Halbbde.), München 1926
Soboul, Albert, Die Große Französiche Revolution. Abriß ihrer Geschichte (1789-1799), Frankfurt/Main 1973
Sombart, Werner, Der Bourgeois. Zur Geistesgeschichte des modernen Wirtschaftsmenschen, München 1913
Sombart, Werner, Wirthschaft und Mode. Ein Beitrag zur Theorie der Modernen Bedarfsgestaltung, Wiesbaden 1902
Sommer, Michael Carlo/Thomas Wind, Jugendstil, in: Psychologie heute, H. 10/1985
Sommer, Michael Carlo/Thomas Wind, Wie Minderheiten Mode machen, in: Psychologie heute, H. 12, 10/1985
Sontheimer, Michael, Post-Punk und Neo-Rokoko, in: Kursbuch 79, Berlin 1985, S. 155-168
Spalart, Robert von/Jakob Kaiserer, Versuch über das Kostüm der vorzüglichsten Völker des Mittelalters, Wien 1807-11
Ständebuch, Das. 114 Holzschnitte von Jost Amman mit Reimen von Hans Sachs, Leipzig 1960
Theatrum Europaeum..., Verf.: Joannis Phillippus Abelinus, Verleger: Daniel Fiever, Bd. 1, Frankfut/Main 1662
Thiel, Erika, Geschichte des Kostüms. Die europäische Mode von den Anfängen bis zur Gegenwart, Berlin/DDR, 3. veränd. Aufl. 1968
Thiel, Erika, Geschichte des Kostüms. Die europäische Mode von den Anfängen bis zur Gegenwart, Berlin/DDR, 4. Aufl. d. neugestalteten, überarb. u. erw. Ausg. von 1980
Ueding, Gert, Buschs geheimes Lustrevier – Affektbilder und Seelengeschichten des deutschen Bürgertums im 19. Jahrhundert, Frankfurt/Main 1982
Vischer, Friedrich Theodor, Mode und Cynismus. Beiträge zur Kenntniß unserer Culturformen und Sittenbegriffe, Stuttgart ²1879
Was ziehe ich an. Für die Herrenwelt zusammengestellt von - e -, 2. erw. Aufl. Berlin 1910
Waugh, Norah, The Cut of Men's Clothes 1600-1900, London 1964
Weber, Max, Asketischer Protestantismus und kapitalistischer Geist, in: Max Weber, Soziologie, Stuttgart 1968
Wehdemeier-Pusch, B., Das Phänomen ›Jeans‹ (...), 1981, Hausarbeit, Universität Bielefeld
Weigel, Hans, Trachtenbuch des Hans Weigel, Nürnberg 1577
Weltkunstgeschichte, Bd. 1 u. 2, hg. v. Wolfgang Braunfels, Berlin - Darmstadt - Wien 1964
Wiederkehr-Benz, Katrin, Sozialpsychologische Funktionen der Kleidermode, Phil. Diss. Zürich 1973
Winter, Johanna Maria van, Rittertum. Ideal und Wirklichkeit, München 1969
Yarwood, Doreen, The encyclopaedia of world costume, London 1978
Zickler, Artur, Die Freude am Kleide, Köln 1963

# Bildnachweis

An dieser Stelle möchte ich mich bei allen Personen und Institutionen bedanken, die mich durch großzügige Abdruckgenehmigungen, als Fotomodelle etc. in meiner Arbeit unterstützt haben.

Im Literaturverzeichnis geführte Titel werden abgekürzt zitiert.
Andersson: 2, 77-79; Arnold: 47; Foto David Balzer, Berlin: 248; Bayerisches Nationalmuseum München: 186; Bayerische Staatsgemäldesammlung München: 90, 191; Ian Berry/Magnum: 239; Bilzer: 199; Blätter für Kostümkunde: 128; Boehn: 18, 40 (Benedetto Montagna, Drei stehende Männer, Det.), 50, 96, 158, 165, 179, 194, 198, 200, 216; Borst: 57, 58; Brant: 22; Bruhn/Skarbina: 197; Christensen: 88; Codex Manesse: 23; David Dalton, The Rolling Stones, München 1982: 246, 247, 249, 255; Damase: 8, 10, 63, 64, 115, 130, 175, 202, 251; Deutsches Archäologisches Institut Rom: 17; Albrecht Dürer 1471-1528, Das gesamte graphische Werk, 2 Bde, München 1970: 38, 44; Europäische Modezeitung für Herrengarderobe. Organ der Deutschen Bekleidungs-Academie Dresden: 217, 219; Europäische Modezeitung (Klemm und Weiß): 221, 222; Fink: 97-100; Fotothek des Kunsthistorischen Instituts Marburg: 6, 37 (Dürer, Drei Kriegsleute, Federzeichnung, 1489, Det.), 113, 127, 185; Fuchs: 1, 68, 72, 93, 174; Galerie des Modes et Costumes Francais 1778-1787, Paris 1911-1914: 181; J. P. Gaultier: 258; Gemäldegalerie SMPK Berlin: 29 (Giovanni del Biondo, Kreuzigung Christi, Det.), 32 (Antoniazzo Romano, Salome bringt Herodes das Haupt des Johannes, Det.), 55, 56, 62, 70, 73, 74, 76, 89, 111, 134, 141, 146, 182, 183, 191; Germanisches Nationalmuseum Nürnberg: 34, 92, 107, 148, 150, 151, 160, 189, 210; Glanzer+Partner: 238; Graphische Sammlung Albertina Wien: 35 (Der Tanz der Salome, Det.), 48; Große Kulturepochen in Texten, Bildern und Zeugnissen, 8 Bde, München 1970: 59, 149, 173; Hefner-Alteneck: 24, 25, 30, 31, 33, 36, 42, 43, 49, 53, 54, 61, 65, 80, 81, 83; Heraklion, Archäologisches Museum: 7; Historisches Museum Bern: 87; Journal für Literatur, Kunst, Luxus und Mode, Berlin 1817: 213; Journal der Moden: 188; Katalog Altdorfer und der phantastische Realismus, Paris 1984: 75; Katalog Albrecht Altdorfer. Zeichnungen, Deckfarbenmalerei, Druckgraphik. Kuferstichkabinett SMPK Berlin: 66; Katalog Aspekte der Gründerzeit. Akademie der Künste Berlin 1974: 207; Katalog Honoré Daumier und die ungelösten Probleme der bürgerlichen Gesellschaft. NGBK Berlin 1974: 3-5; Katalog La mode et ses métiers, Museé de la Mode et du Costume, Paris 1981: 153; Katalog Die Welt des Hans Sachs. Nürnberg 1976: 39 (Sebald Beham, Die Patriarchen des Alten Testaments, Det.), 71; Katalog Sammler, Fürst, Gelehrter. Herzog August zu Braunschweig und Lüneburg 1579-1666. Herzog August Bibliothek Wolfenbüttel 1979: 163, 164; Katalog 17th and 18th Century Costume: 152, 166-168, 180; Katalog Von Frans Hals bis Vermeer. Gemäldegalerie SMPK Berlin 1984: 157, 176 (Gerard Terborch, Dame beim Ankleiden, Det.); Kidwell: 208, 218; Kretschmer: 60, 195; Kröll: 203; Kunstbibliothek SMPK Berlin: 132, 133,161, 205, 209; Kunsthistorisches Museum Wien: 121, 123; Kunstmuseum Basel: 109; Kybalová: 114, 135; Langner: 9, 13; Laver, Das Kostüm: 52, 84, 120, 125, 131, 138, 139; Leloir: 170 (Det.), 171, 178; Leonardt u. Kern: 232; Mützel: 14, 101, 137, 177; Museum für Kunst und Gewerbe Hamburg: 86; National Portrait Gallery London: 124, 126; Nienholdt: 140; Nixdorf/Müller: 254; Alan E. Nourse, Vort Legene, Kopenhagen 1966: 28; per lui, Mai 1988: 231, 241, 242, 257; Petit Courier des Dames, Paris (19. Jh.): 211, 212, 215; Plattencover, The Rolling Stones, 1971: 223-225; Prado Madrid: 110, 118, 122, 136; Rijksmuseum-Stichting Amsterdam: 159 (Det.), 162; Otto Rühle, Die Revolutionen Europas, Wiesbaden 1973: 91; Sächsische Landesbibliothek, Abt. Deutsche Fotothek Dresden: 108, 117;

Werner Schade, Die Malerfamilie Cranach, Dresden 1974: 51; Schlabow, 1976: 20; H. Schlüter, Ladies, Lords und Liederjahne, Dortmund 1981: 206; Jutta Schnack, Der Passionszyklus in der Graphik Israhel van Meckenems und Martin Schongauers, Münster 1979: 41 (Schongauer, Die Geißelung, Det.); W. Schwarze/ V. Sieveking: Galante Mode, Wuppertal 1976: 184, 187; Sichart; 16, 142-144, 196; Der Spiegel 45/1986: 238; Staatliche Kunstsammlung Kassel: 119; Staatliches Museum Schwerin: 85; Ständebuch: 102-106; Theatrum Europaeum, Bd I.: 145; Thiel, 1968: 46, 95, 147, 192; Thiel 1980: 11, 12, 21, 26, 27, 45, 82, 94, 112, 116, 129, 193, 201, 204; Der Triumphzug Kaiser Maximilians I. (1516-1518). 147 Holzschnitte von Albrecht Altdorfer, Hans Burgkmair, Albrecht Dürer u.a., Dortmund 1979: 67, 69; Ullstein Kunstgeschichte, Bd IV, 1963: 15; Foto P. Villacampa: 245; Waugh: 154-156, 169, 172, 214, 220; Fotos Gundula Wolter: 227-230, 233-237, 240, 243, 244, 251-253.